Martin Buber
Auf die Stimme hören

Martin Buber

Auf die Stimme hören
Ein Lesebuch

Ausgewählt und eingeleitet
von Lorenz Wachinger

Kösel

ISBN 3-466-20374-0

© 1993 by Kösel-Verlag GmbH & Co., München
Lizenzausgabe mit freundlicher Genehmigung
des Verlags Lambert Schneider GmbH, Gerlingen
Printed in Germany. Alle Rechte vorbehalten
Druck und Bindung: Kösel, Kempten
Umschlag: Kaselow Design, München
Umschlagmotiv: Kösel-Archiv

1 2 3 4 5 · 97 96 95 94 93

Gedruckt auf umweltfreundlich hergestelltem Werkdruckpapier
(säurefrei und chlorfrei gebleicht)

Inhalt

*V*orwort

Ein Lesebuch ist für Leser oder Lesenlernende. So kann dieses Buber-Leserbuch nur einen ersten Überblick über ein bedeutendes Lebenswerk geben wollen, und zwar mit authentischen Texten. Wer sich für Martin Bubers Denken und Schreiben interessiert, soll sich anhand dieser schmalen Auswahl, der Einführungstexte und des Quellenverzeichnisses selber weiterhelfen können.

Dazu dient die genaue Zitierung der Schriften Bubers, einmal nach der Ausgabe der »Werke« (Lambert Schneider Verlag Heidelberg und Kösel-Verlag München 1962-1964) und zugleich nach den neuesten Original-Ausgaben des Verlags Lambert Schneider (jetzt Gerlingen).

Ausgesprochen fachliche Literatur zum Werk M. Bubers ist selten angegeben, an Bibliographie nur das Nötigste.

Einige wenige Anmerkungen des Herausgebers in den Texten sind mit »L.W.« gekennzeichnet.

Lothar Stiehm, der lange Jahre die Werke M. Bubers im Verlag Lambert Schneider betreut und einzelne Ausgaben herausgegeben hat, gebührt der Dank des Verlags und des Herausgebers für die Ermöglichung dieses Buber-Lesebuchs und für mannigfache inhaltliche Hilfe.

Frau Prof. Dr. Judith Buber-Agassi, Herzlia (Israel), hat freundlicherweise die Einleitung durchgesehen.

München, im Juni 1993   *Lorenz Wachinger*

Einleitung: Martin Buber – der Mensch und das Werk

Von Photographien kenne ich den prophetenhaften Bart und die starken dunklen Augen: Martin Buber. Die Buchhandlungen bieten unter diesem Namen weit Auseinanderliegendes an: Erzählungen der Chassidim – Legenden und Anekdoten aus einer ostjüdischen religiösen Bewegung des 18. und 19. Jahrhunderts; eine neue Übersetzung der hebräischen Bibel, etwa die Psalmen (»Das Buch der Preisungen«), und verschiedene erläuternde Schriften zur Bibel; philosophische Bücher – »Ich und Du« ist nur das bekannteste; Bücher zu Problemen des jüdischen Volkes und zur Frage des Zionismus; dazu Briefe aus einem über 60 Jahre währenden Austausch mit Berühmten und Unbekannten, mit Freunden und Gegnern.

Läßt sich das eine Gesicht hinter den vielen Büchern finden, so, wie wenn ein Mensch aus der Erfahrung seines Lebens zu mir spräche? Gershom Scholem sagt von Buber[1], er sei »ein großer Lauscher« gewesen; also einer, der still sein und gut zuhören konnte: in die etwas wirr überlieferten chassidischen Geschichten hineinhören; den Klang der Bücher und Verse der hebräischen Bibel in sich nachklingen lassen; dem Unhörbaren in den Begegnungen der Menschen nachhorchen und ihm sein Echo geben, verschwommen zwar oft, aber das Ohr aufweckend. Und vor allem das unersättliche Hören auf die Erzählungen und Dichtungen der Literatur, von dem die Briefe und noch die späten Gespräche mit Werner Kraft voll sind[2] – scheint es nicht das Bild des »Philosophen« zu sprengen? Ein anderes, noch tiefer reichendes Horchen ist das auf die Stimmen, die aus den mystischen, den ekstatischen Erfahrungen der Begeisterten übrig bleiben; jenes hingerissene Ausloten der inneren Erlebnisse – gefährlich zwar; denn es ist nicht selbstverständlich, daß jemand aus dem »Wald« zurückkommt, wie der junge Israel ben Elieser, der spätere Baal-Schem-Tow[3].

Doch dieses »mystische« Horchen entspannt sich; es wird das einfühlende und verstehende Hören auf die verschwiegene Not eines anderen Menschen daraus, wie es die chassidischen Meister ihren Schülern und den Hilfesuchenden gegenüber üben[4] – wir kennen etwas Ähnliches aus der Erfahrung der Psychotherapie. Die große Anschauung des Miteinander, des wechselseitigen Helfens, der Gegenseitigkeit von Meister und Schüler führt Buber bis kurz vor den modernen soziologischen und psychologischen Begriff der systemhaft einander bedingenden Kommunikationen und Interaktionen.

Welches Reden wird diesem Horchen entsprechen? Gewiß eine Sprache, die vom Zauber des Dichterischen berührt ist. Sie wird das bewegende Wort und die schwer greifbare Schwingung lieben. Feste, bestimmte Konturen werden nicht ihr hervorragendes Merkmal sein, eher das Dynamische und schwer Ergründbare, wo ein Bezug auf den anderen, Sinn auf Sinn verweist. Es wird die Mühe in Bubers Leben ausmachen, von dem literatenhaften und erlebnisbetonten Sprechen und Schreiben zu einem genaueren hinzufinden. Sein Freund Franz Rosenzweig wird 1922 von der »ungeheuerlichen (zwar schon ungesunden, weil überirdischen) Wahrhaftigkeit seines Wesens« schreiben[5].

Es müßte verwundern, wenn dieses Menschengesicht hinter den vielen Büchern nicht auch seine Widersprüche zu tragen hätte. Der

»deutsche Schriftsteller« (Briefwechsel II, Nr. 493, 1934!) muß sich mit dem »Erzjuden« vertragen; der biblisch Fromme mit dem Verweigerer, der das jüdische Religionsgesetz für sich ablehnt; der Zionist mit dem Fürsprecher der Araber, genauer: der das Recht seines Volkes auf den Boden Israels verficht, mit dem anderen, der das Recht der Eigentümer seit Jahrhunderten achtet. Kurz, der moderne Mensch, der Philosoph, auf Wissenschaft verpflichtet, der zugleich die Überlieferungen seines Volkes sammelt und interpretiert, ist kein »ausgeklügelt Buch«; seine Schwächen und Widersprüche gehören zu seinem Bild, sein Ausgespanntsein zwischen dem Allgemein-Humanen und den Sonder-Interessen des jüdischen Volkes, das ihn nur zum Teil hört, prägt dieses Werk; Fehlschläge und Scheitern sind ihm nicht fremd[6].

Biographische Daten

8. Februar 1878	Martin Mordechai Buber in Wien geboren; wegen der Scheidung der Eltern kommt der Dreijährige nach Lemberg (Lwów) in der polnischen Ukraine, damals k.u.k. Monarchie, zu den Großeltern Salomon Buber, Großgrundbesitzer und Bankier, aufgeklärt-wissenschaftlicher Herausgeber alter hebräischer Texte (Midrasch-Literatur), und Adele, Verwalterin des Besitzes, begeisterte Leserin der deutschen Klassiker. Er wächst vielsprachig auf: jiddisch und deutsch zuhause, von Kindheit an auch hebräisch und französisch, polnisch auf dem Gymnasium (seine ersten Veröffentlichungen sind in Polnisch).

1892	ins Haus des wieder verheirateten Vaters (Großgrundbesitzer in Lemberg); religiöse Krise, in der er sich von den jüdischen Religionsgebräuchen lossagt. Kant- und Nietzsche-Lektüre in den folgenden Jahren.
1896	Student in Wien (Philosophie, Kunstgeschichte, Germanistik, Psychologie), dann in Leipzig, Berlin, Zürich.
1898	Anschluß an die von Theodor Herzl 1897 gegründete Bewegung des Zionismus; Teilnahme an Kongressen, Organisationsarbeit, Agitation, Kontroverse mit Herzl um die politische und kulturpolitische Richtung.
1899	In Zürich Begegnung mit der Studentin der Germanistik Paula Winkler aus München, seiner zukünftigen Frau, die später als Schriftstellerin unter dem Pseudonym Georg Munk Romane und Erzählungen publiziert hat; Geburt der beiden Kinder: Rafael 1900, Eva 1901.
1901	Redakteur der Wochenschrift »Die Welt«, Zentralorgan der zionistischen Weltorganisation.
1904	nach Rückzug von der Organisationsarbeit in Wien Promotion zum Dr.phil. mit einer Dissertation »Beiträge zur Geschichte des Individuationsproblems« (über Jakob Böhme und Nikolaus Cusanus).
1905/06	Aufenthalt in Florenz; Arbeit an der (dann aufgegebenen) Habilitation in Kunstgeschichte. Lektor für den Verlag Rütten & Loening (u.a. Herausgabe der Reihe von 40 Monographien »Die Gesellschaft«).
1906 und 1908	die ersten Bücher »Die Geschichten des Rabbi Nachman« und »Die Legende des Baalschem« (nach Studium der chassidischen Überlieferung etwa von 1903 ab).
1909	»Ekstatische Konfessionen« (Sammlung von mystischen Texten aus der indischen, sufischen, griechischen, jüdischen, deutschen und westeuropäischen Überlieferung).

1909-1911	die ersten drei »Reden über das Judentum« (1911) in Prag.
1910-1914	Studien über Mythen der Völker und Herausgabe von mythischen Texten: Tschuang-Tse, Reden und Gleichnisse (1910; das Nachwort ist der Essay »Die Lehre vom Tao«, In: Werke I, 1021-1051); Chinesische Geister- und Liebesgeschichten (1911); Kalewala. Das Nationalepos der Finnen (1913); Die vier Zweige des Mabinogi. Ein keltisches Sagenbuch (1914).
1913	»Daniel. Gespräche von der Verwirklichung« (der erste geschlossene philosophische Versuch). Bis 1916 wohnt Buber in Berlin, 1916-1938 in Heppenheim (Bergstraße).
1916	»Der Jude. Eine Monatsschrift«, herausgegeben von Martin Buber (bereits 1903 geplant, aber an der Finanzierung gescheitert; acht Jahrgänge erschienen, bis 1924)
1921	Beginn der näheren Bekanntschaft, dann der Freundschaft mit Franz Rosenzweig (vgl. Briefwechsel II, Anm. zu Brief Nr. 43, 1919); Mitarbeit Bubers an Rosenzweigs Freiem Jüdischen Lehrhaus 1922; Lehrauftrag an der Universität Frankfurt für jüdische Religionslehre und jüdische Ethik 1923, für den erkrankten Rosenzweig; ab 1930 Honorarprofessor für Religionswissenschaft.
1923	»Ich und Du« (Insel Verlag Leipzig).
1925	Beginn der Verdeutschung der hebräischen Bibel gemeinsam mit F. Rosenzweig; 1925-1927 erscheinen die fünf »Bücher der Weisung«, in den nächsten Jahren nacheinander die weiteren Bücher bis 1931 »Jirmejahu« im Verlag Lambert Schneider in Berlin (insgesamt 11 Bücher); danach erscheinen im Schocken Verlag, Berlin, noch drei weitere Bände, bis das Werk mit der Übersetzung von Ijob ins Stocken kommt und der

Verlag im Zug der Repressionen gegen die Juden geschlossen wird. 1954-1962 im Jakob Hegner Verlag (Köln und Olten) erscheint eine vierbändige, revidierte Neu-Ausgabe der bis 1938 erschienenen Bücher und die Vollendung der gesamten Übersetzung der »Schrift«.

1926	Vierteljahrsschrift »Die Kreatur«, herausgegeben von Martin Buber, Joseph Wittig (kathol.) und Viktor von Weizsäcker (evang.), nur drei Jahrgänge erschienen.
1933	Am Tage nach der Machtergreifung durch die Nationalsozialisten legt Buber seine Professur nieder; am 4. Oktober wird ihm offiziell die Lehrbefugnis entzogen. Er errichtet und leitet die »Mittelstelle für jüdische Erwachsenenbildung bei der Reichsvertretung der Juden in Deutschland«, hält in ganz Deutschland vor allem Bibelkurse, unter zunehmender administrativer Behinderung.
1938	Im März verläßt Buber Deutschland und übernimmt an der Hebräischen Universität Jerusalem eine Professur für Anthropologie und Einleitung in die Soziologie. Publizistische Mitarbeit an den Problemen der Juden in Palästina; weitere Ausarbeitung des philosophischen, des biblischen und des chassidischen Werkes; Teilnahme an den politischen Diskussionen um die Araberfrage; Mitglied der Gruppe »Ichud« des Präsidenten der Hebr.-Universität, Judah L. Magnes, die sich um einen bi-nationalen Staat bemühte.
1947	Erste Vortragsreise nach Europa, der in den nächsten 15 Jahren weitere folgten; von 1951/52 an mehrere Reisen nach den USA zu Vorträgen und Kursen an Universitäten und jüdischen Einrichtungen.
1949-1953	Aufbau und Leitung des »Seminars für Erwachsenenbildung«, um Lehrer für die jüdischen Einwanderer zu schulen.

1951	Goethe-Preis der Universität Hamburg (erst 1953 persönlich entgegengenommen).
1953	Friedenspreis des Deutschen Buchhandels; Buber (»dem wahrhaftigen Menschen, dem Bekenner und Gestalter einer alles Leben durchdringenden Humanität, dem Deuter der Bestimmung seines Volkes in der Zeit, dem dialogischen Denker, Theologen und Erzieher ...«, aus der Verleihungsurkunde) antwortet mit der Rede »Das echte Gespräch und die Möglichkeiten des Friedens« auf die Laudatio durch Albrecht Goes: »Martin Buber, der Beistand«.
1955	M.S. Friedman, Martin Buber. The Life of Dialogue (auf eine Doktor-Dissertation von 1950 zurückgehend), »the first comprehensive study of Buber's thought in any language« (Vorwort), markiert den Beginn einer Flut von Büchern über Buber, sowie von Dissertationen und Diplom-Arbeiten; Buber wird in Amerika bekannt und berühmt, ebenso in den deutschsprachigen Ländern. – H. Kohn, Martin Buber. Sein Werk und seine Zeit. Ein Beitrag zur Geistesgeschichte Mitteleuropas 1880-1930 (mit einem Nachwort von R. Weltsch, Martin Buber 1930-1960), Köln 1961; das Buch war zuerst 1930 erschienen, also als Würdigung des 50-jährigen Buber, unter dem Titel: Martin Buber, sein Werk und seine Zeit. Ein Versuch über Religion und Politik.
1958	Auf der Rückreise von USA und Europa Tod Paula Bubers in Venedig; Buber erkrankt für längere Zeit.
1963	Verleihung des Erasmus-Preises in Amsterdam durch Prinz Bernhard der Niederlande; Buber dankt mit der Rede »Gläubiger Humanismus« (in: M. Buber, Nachlese, Heidelberg 1965).
13. Juni 1965	stirbt Martin Buber im Alter von 87 Jahren in seinem Haus in Talbyeh in Jerusalem; er wird im Friedhof Har-Hamenuchot über Jerusalem begraben.

17

Das Werk und die Gestalt Martin Bubers deuten

Buber in den Blick zu bekommen, ist nicht leicht; seine Arbeitsgebiete – Chassidisches, Bibel, Philosophie, jüdische und zionistische Fragen – umspannen die vier Bände der zu seinen Lebzeiten publizierten »Werke«, dazu die Bände der von ihm gemeinsam mit Franz Rosenzweig verdeutschten »Schrift«. Die drei Bände des »Briefwechsels« eröffnen dem Leser das Netz der persönlichen und brieflichen Kontakte. Wer in eine genauere Buber-Bibliographie[7] schaut, wird über die Gedichte und Erzählungen der frühen Jahre, über die Aufsätze zu Dichtern, Schriftstellern, Philosophen, Kulturkritikern, über die politischen Stellungnahmen und Antworten auf Umfragen erstaunt sein. In den einzelnen Kapiteln dieses Buches wird ersichtlich, daß Buber nicht nur in seiner ersten Schaffensphase in Deutschland, sondern gleichfalls zwischen 1938 und 1963 Entscheidendes publiziert hat: Mindestens die Hälfte, nicht nur seiner wichtigsten biblischen und seiner chassidischen Studien, sondern auch seiner philosophischen, anthropologischen, psychologischen und besonders sozialphilosophischen Bücher und Essays sind nach seiner Auswanderung aus Deutschland geschrieben.

Da das Werk also kaum überblickbar ist, müssen wir uns mit einem Ausschnitt begnügen, der leichter zugänglich, auch durch Buber selber autorisiert ist.

Aber sehen wir Buber richtig, wenn wir ihn so sehen, wie er selber gesehen sein wollte? Dazu kommt, daß viele Leser ihr Buber-Bild bereits mitbringen und es bestätigt sehen wollen. Und noch das andere kommt dazu, daß die Darstellungen und Deutungen von Person und Werk Bubers jeweils *ihre* Akzente setzen, nach der Einschätzung und den Vorlieben der Interpreten: der anarchischsozialistische Buber im Gefolge Gustav Landauers (S. Wolf); der Buber in den Auseinandersetzungen der jüdischen und zionistischen Geschichte (E. Simon, H. Kohn, R. Weltsch, G. Scholem); »hebräischer Humanismus« in der Kontinuität mit der deutschen Klassik (G. Schaeder); philosophische (J. Bloch) und theologische (Chr. Schütz, R. Moser)[8] Deutungen.

Auch die vorliegende Auswahl enthält eine Deutung des Buberschen Denkens, die allerdings durch die Texte und die (sparsamen) Verweise auf Literatur nachprüfbar bleibt. In ihr ist der Gesichtspunkt der Begegnung, des Gegenübers, anders gesagt: des Glaubens (im Sinne Bubers) wichtig. Der Durchgang durch die »Werke« und durch »Der Jude und sein Judentum« ermöglicht diesen Akzent, der zunächst unbestimmt erscheint, sich aber nach und nach konkretisiert; die Abschnitte über »Therapeutisches Denken« und über »Das vollständige Dasein des Menschen« ergänzen und runden ab, was weniger als Bild gesehen werden möchte, denn vielmehr als Lebensbewegung unter dem Leitstern eines Modells, einer Vorstellung, einer Grundfigur des Lebens: des Gegenüber- Seins. Es geht darum, zu lesen, nachzudenken, weiterzusuchen; die Fingerzeige der Auswahl müssen genügen, daß die Leser zu ihrer eigenen Deutung des Buberschen Denkens finden.

Zur Einführung in Leben und Werk Martin Bubers

S. Wolf, Martin Buber zur Einführung, Hamburg 1992

G. Wehr, Martin Buber. Leben, Werk, Wirkung, Zürich 1991

G. Wehr, Martin Buber in Selbstzeugnissen und Bilddokumenten, Rowohlts Monographien 147 (1968, 11. Aufl. 1992)

G. *Schaeder,* Martin Buber. Hebräischer Humanismus, Göttingen 1966

G. *Schaeder,* Martin Buber. Ein biographischer Abriß, in: M. Buber, Briefwechsel aus sieben Jahrzehnten, Band I, hrsg. von G. Schaeder, Heidelberg, Verlag Lambert Schneider, 1972

L. *Wachinger,* Buber, in: Argumente für Gott. Gott-Denker von der Antike bis zur Gegenwart. Ein Autoren-Lexikon, hrsg. von K.-H. Weger unter Mitarbeit von Kl. Possong, Herderbücherei 1393 (1987), S. 95-97

J. *Bloch/H. Gordon (Hrsg.),* Martin Buber. Bilanz seines Denkens, Freiburg i. Br. 1983 (Vorträge und Diskussionen des Buber-Kongresses 1978 in Beer-Sheva, Israel)

E. *Simon,* M. Buber und das deutsche Judentum, in: Deutsches Judentum – Aufstieg und Krise. Gestalten, Ideen, Werke. Vierzehn Monographien, hrsg. von R. Weltsch, Stuttgart 1963, S. 27-84

I »Mensch sein heißt, das gegenüber seiende Wesen sein«

Das Buch, das mir zu Martin Buber zuerst einfällt, heißt »Ich und Du« (1923). Was habe ich mir darunter vorzustellen? Zweisamkeit, Innerlichkeit? Wer Angelus Silesius im Ohr hat, wird an etwas Mystisches denken. Buber meint aber gerade die Abkehr von der mystischen (Selbst-)Versunkenheit, die Hinkehr zum konkreten Leben, das nur von der Gemeinschaft aus gedacht werden kann und im Gegenüber, wie von Ich und Du, anfängt.

Er unterscheidet das Ich-Es-Verhältnis, die objektivierende, vom Subjekt abgelöste Erkenntnis, wissenschaftlich, auf Gebrauchen und Manipulieren zielend: notwendig, aber nicht ausreichend, um mit Menschen menschlich zu leben; verhängnisvoll, wenn sie nicht nur auf tote Dinge, sondern auf Lebewesen, besonders auf den Menschen, über das Notwendige hinaus angewandt wird. Das andere ist die Ich-Du- Beziehung, das bedeutet: subjektive Erfahrung, wo ich gerade nicht von mir selbst absehen kann; Verbundenheit, wechselseitiges Wirken aneinander, Gegenseitigkeit. Hier darf das Unvorhergesehene, die Überraschung sein; in einer bestimmten Situation höre ich ein Wort an mich und werde zur Antwort gerufen; ich habe mich zu stellen, ich habe in die Verantwortung einzutreten. Diese Welt der Beziehung steht mir überall und jederzeit offen; sie hat ein Ziel, in dem sich die parallelen Linien der Beziehungen schneiden, das »ewige Du«.

Das ist der Beginn jener Entdeckung, die Buber in einem Sturm der Begeisterung formulierte und sein Leben lang ausbaute. Das

Buch »Ich und Du« ist aus einer Vorlesung in Franz Rosenzweigs Freiem Jüdischen Lehrhaus in Frankfurt hervorgegangen, die den Titel »Religion als Gegenwart« trug[1], es ist ursprünglich als »Prolegomenaband«, der das »Urphänomen« des Religiösen behandeln sollte, zu einem mehrbändigen »Religionswerk« geplant, das nicht ausgeführt wurde. Buber spürt: »Für mich hat erst mit diesem Band meine eigentliche Arbeit begonnen« (Briefwechsel II, Nr. 81, 1922)[2].

Schon im Briefwechsel zwischen Buber und Rosenzweig, noch vor dem Erscheinen des Buchs, beginnen Kritik und Auseinandersetzung um die Konzeption der beiden Grundworte Ich – Du und Ich – Es, die seither nicht zu Ende gekommen sind[3]. Aber Buber läßt nie einen Zweifel daran, wie wichtig ihm das Buch ist: »mir ist ein Wort zu sagen auferlegt, dessen erste Silbe ich soeben ausgesprochen habe mit diesem Buch – es ist ein langes Wort, aber mit einem ganz einfachen Sinn« (Briefwechsel II, Nr. 119). Noch 1961 schreibt er an Dag Hammarskjöld, Generalsekretär der Vereinten Nationen, es sei »das schwierigste von allen, das aber am geeignetsten ist, den Leser in das Reich des Gesprächs einzuführen« (Briefwechsel III, Nr. 462).

Vom »Zwischenmenschlichen« hatte Buber schon 1905, in soziologischem Zusammenhang, geschrieben und »Gemeinschaft«, etwa im Sinne Gustav Landauers, damit gemeint. Nun trifft im »Zwischen« – wir würden heute etwa von »Kommunikation« sprechen – sein sozialistisches mit seinem religiösen Denken zusammen: es ist der Ort, wo Gott erscheint; es erscheint, wenn der Sprechende sich als Person stellt und der Hörende wirklich »da« ist. Die Sprache der Daten-Übermittlung reicht dazu nicht aus; der »Beziehungs-Aspekt« einer Aussage ist neben dem »Inhalts- Aspekt« gefragt (P. Watzlawick u.a.). Mit diesem subjektiven Beitrag wird die Sprache Bubers unpräzis, weil sie an den Leser appelliert und evokativen, nicht einfach aussagenden Sinn gewinnt.

Der Mensch ist in »Ich und Du«, wie in der »dialogischen Philosophie« durchgehend, von der Zeit aus gedacht: Veränderung, Dynamik (biblisch die »Umkehr«), Beziehung sind Phänomene, die zeitlichen Ablauf voraussetzen. Das aber ist philosophisch, auf die Weise der Logik nicht leicht zu artikulieren. Nimmt man den pragmatischen Charakter von Bubers Denken dazu, die Absicht, auf den Menschen einzuwirken, verändernd, therapeutisch, ist nochmals ein Moment genannt, das über eine theoretische Darstellung hinausweist. Die Begegnung von Ich und Du ist nach Buber als Grenzfall, als Paradox zu verstehen, als Geschenk, als freies Ereignis; das wird sich in den Bildern zeigen, die Buber verwendet, und in den paradoxen Formulierungen, an denen »Ich und Du« reich ist.

In den Jahren nach 1930 und wieder in den Fünfzigern entstehen, zunächst oft als Zeitschriften-Beiträge, später erweitert, die »Ich und Du« ergänzenden Schriften, die dann mit diesem zusammen, in »Das dialogische Prinzip« zusammengefaßt wurden[4]: »Zwiesprache« (1930), »Die Frage an den Einzelnen« (1936), »Elemente des Zwischenmenschlichen« (1954), »Zur Geschichte des dialogischen Prinzips« (1954).

»Das Problem des Menschen« (hebr. 1943)[5] greift das Gebiet der philosophischen Anthropologie auf und bringt die Auseinandersetzung mit den Großen der Philosophiegeschichte, aus unserer Zeit besonders mit Heidegger und Scheler.

»Beiträge zu einer philosophischen Anthropologie« (Werke I) sammelt Aufsätze der 50-er Jahre und von 1962, – wichtige inhaltliche Ergänzungen zu »Ich und Du«, Anwendungen auf das Gebiet der Kunst, der Sprache, der Psychotherapie.[6]

»Gottesfinsternis« (amerik. 1952)[7] behandelt die »Beziehung zwischen Religion und Philosophie«; die »Reden über Erziehung« (1953)[8] fassen drei Reden zusammen, deren älteste aus dem Jahr 1925 stammt, – sie sind von der wissenschaftlichen Pädagogik stark beachtet worden.

Dazu kommt 1950 »Pfade in Utopia«[9], wohl eine Frucht der sozialphilosophischen Vorlesungen in Jerusalem, Bubers Auseinandersetzung mit der Idee des Sozialismus in ihren verschiedenen Varianten.

Eine Reihe von kleineren Aufsätzen rundet den 1. Band der »Werke« ab, Bubers Beitrag zur Philosophie; zwei frühe Arbeiten gehören dazu: »Die Lehre vom Tao« (1910) und »Daniel« (1913), die den Band eröffnen.

Für Martin Buber geht es in diesen fünfzig Jahren des Denkens, Redens und Schreibens um das Leben des Menschen: Wer bin ich? Wie kann ich in Gemeinschaft leben? Wie finde ich das Ziel, den Sinn meines Lebens? Über *einen* Aspekt dieser Fragen hat er in philosophischer Sprache Rechenschaft zu geben versucht[10]; die vielen Ansätze dazu verraten, daß Buber sein Werk als Bruchstück sieht. Es wird durch weitere Aspekte ergänzt werden müssen.

———————————

1 »Ich habe keine Lehre, aber ich führe ein Gespräch«

Das Thema, das hier dem erlebenden Denker diktiert worden ist, mein Thema, war nicht geeignet, zum umfassenden System ausgebaut zu werden. Und zwar ging es um die große Voraussetzung für den Anbeginn des Philosophierens und seinen Fortgang, um die Dualität der Ich-Du- und Ich-Es-Grundworte. Es galt, auf diese Dualität hinzuzeigen. Obgleich sie der Grundverhalt im Leben jedes Menschen mit allem Seienden ist, achtete man ihrer kaum. Es mußte auf sie hingezeigt, sie mußte in den Grundfesten des Daseins aufgezeigt werden. Eine vernachlässigte, verdunkelte Urwirklichkeit war sichtbar zu machen. Das Denken, das Lehren mußte von der Aufgabe des Zeigens bestimmt sein; nur was mit dem Zeigen des zu Zeigenden zusammenhing, war zulässig; nicht vom Sein war zu handeln, sondern einzig von dem menschlichen Doppelverhältnis zum Sein. Das Philosophieren mußte wesentlich ein anthropologisches sein; in seiner Mitte mußte, sich jeweils verdeutlichend, die Frage stehen, wie der Mensch möglich sei, eben die, auf die die Wirklichkeit jenes Doppelverhältnisses unter der Voraussetzung der dem Menschen eigentümlichen Urdistanz die Antwort gibt. Ausblicke in das den Menschen Transzendierende waren gewährt, wo die Beziehung zu diesem zu klären war; aber die Tendenz zu einem die Situation des Menschen umgreifenden System konnte hier keinen Einlaß gewinnen.

Dem, was ich zu sagen hatte, geziemte keine Systematik. Zusammenhang geziemte ihm, geschlossener Zusammenhang, aber kein zusammenschließender. Ich durfte nicht über meine Erfahrung hinauslangen und wünschte mir nie, es zu dürfen. Ich zeuge für Erfahrung und appelliere an Erfahrung. Die Erfahrung, für die ich zeuge, ist naturgemäß eine begrenzte. Aber sie ist nicht als eine »subjektive« zu verstehen. Ich habe sie durch meinen Appell erprobt und erprobe sie immer neu. Ich sage zu dem, der mich hört: »Es ist deine Erfahrung. Besinne dich auf sie, und worauf du dich nicht besinnen kannst, wage, es als Erfahrung zu erlangen.« Wer aber sich ernstlich weigert, den nehme ich ernst. Er ist mir wichtig. Seine Weigerung ist mein Problem.

Ich muß es noch einmal sagen: Ich habe keine Lehre. Ich zeige nur etwas. Ich zeige Wirklichkeit, ich zeige etwas an der Wirklichkeit, was nicht oder zu wenig gesehen worden ist. Ich nehme ihn, der mir zuhört, an der Hand und führe ihn zum Fenster. Ich stoße das Fenster auf und zeige hinaus.

Ich habe keine Lehre, aber ich führe ein Gespräch.

2 »Beobachten, Betrachten, Innewerden«

Es gilt drei Arten zu unterscheiden, auf die wir einen Menschen, der vor unsern Augen lebt (ich meine nicht ein Objekt der Wissenschaft, von der ich hier nicht rede), wahrzunehmen vermögen. Der Gegenstand unsrer Wahrnehmung braucht von uns, von unserm Dabeisein nichts zu wissen; ob er zum Wahrnehmen ein Verhältnis, ein Verhalten hat, ist hier gleichgültig.

Der *Beobachter* ist ganz darauf gespannt, den Beobachteten sich einzuprägen, ihn zu »notieren«. Er sucht ihn ab und zeichnet ihn auf. Und zwar ist er beflissen, so viele »Züge« als möglich aufzuzeichnen. Er lauert den Zügen auf, daß ihm keiner entgehe. Der Gegenstand besteht aus Zügen, und von jedem weiß man, was dahintersteckt. Die Kenntnis des menschlichen Expressionssystems

26

verleibt sich die neuerscheinenden individuellen Variationen stets im Nu ein und bleibt verwendbar. Ein Gesicht ist nichts als Physiognomie, Bewegungen nichts als Ausdrucksgebärde.

Der *Betrachter* ist überhaupt nicht gespannt. Er nimmt die Haltung ein, die ihm den Gegenstand frei zu sehen gibt, und erwartet unbefangen, was sich ihm darbieten wird. Nur zu Anfang darf bei ihm die Absicht walten, alles weitere ist unwillkürlich. Er notiert nicht drauflos, läßt sich gehn, er fürchtet sich gar nicht, etwas zu vergessen (»Vergessen ist gut«, sagt er). Er gibt seinem Gedächtnis keine Aufgaben, er vertraut dessen organischer Arbeit, die das Erhaltenswerte erhält. Er fährt nicht, wie der Beobachter, das Gras als Grünfutter ein, er wendet es und läßt es von der Sonne bescheinen. Auf Züge paßt er nicht auf (»Züge«, sagt er, »führen irre«). Am Gegenstand ist ihm das erheblich, was nicht »Charakter« und nicht »Ausdruck« ist (»Das Interessante«, sagt er, »ist nicht wichtig«). Alle großen Künstler sind Betrachter gewesen.

Es gibt aber eine Wahrnehmung, die von entscheidend anderer Art ist.

Dem Betrachter und dem Beobachter ist das gemeinsam, daß sie eine Einstellung haben, eben den Wunsch, den vor unsern Augen lebenden Menschen wahrzunehmen; sodann, daß dieser für sie ein von ihnen selber und ihrem persönlichen Leben abgetrennter Gegenstand ist, der eben nur deshalb »richtig« wahrgenommen werden kann; daß somit das, was sie so erfahren, ob es nun wie beim Beobachter eine Summe von Zügen oder wie beim Betrachter eine Existenz ist, ihnen weder Tat abfordert noch Schicksal zufügt; daß das Ganze sich vielmehr in den abgeschiedenen Gefilden der Ästhesie begibt.

Anders geht es zu, wenn mir, in einer empfänglichen Stunde meines persönlichen Lebens, ein Mensch begegnet, an dem mir etwas, was ich gar nicht gegenständlich zu erfassen vermag, »etwas sagt«. Das heißt keineswegs: mir sagt, wie dieser Mensch sei, was in ihm vorgehe und dergleichen. Sondern: *mir* etwas sagt, mir etwas zuspricht, mir etwas in mein eigenes Leben hineinspricht. Das kann etwas über diesen Menschen sein, zum Beispiel, daß er mich braucht. Es kann aber auch etwas über mich sein. Der Mensch selber in seinem Verhalten zu mir hat mit diesem Sagen nichts zu schaffen; er verhält sich nicht zu mir, er hat mich wohl gar nicht bemerkt. Nicht er sagt es mir, wie jener Einsame seinem Nachbarn auf der Bank schweigsam sein Geheimnis gestand [In dem Abschnitt »Das mitteilende Schweigen«, einige Seiten früher, L.W.]: *es* sagt.

Wer hier »sagen« als Metapher versteht, versteht nicht. Die Phrase »das sagt mir nichts« ist metaphorisch verschliffen; aber das Sagen, auf das ich hinzeige, ist wirkliche Sprache. Im Haus der Sprache sind viele Wohnungen, und das ist eine der innern.

Die Wirkung dieses Gesagtbekommens ist eine völlig andere als die des Betrachtens und des Beobachtens. Ich kann den Menschen, an dem, durch den mir etwas gesagt worden ist, nicht abmalen, nicht erzählen, nicht beschreiben; versuchte ich es, wärs schon aus mit dem Gesagtsein. Dieser Mensch ist nicht mein Gegenstand; ich habe mit ihm zu tun bekommen. Vielleicht habe ich etwas an ihm zu vollbringen; aber vielleicht habe ich nur etwas zu lernen, und es kommt nur darauf an, daß ich »annehme«. Es kann sein, daß ich sogleich zu antworten habe, eben an diesen Menschen hier hin; es kann auch sein, daß dem Sagen eine lange, vielfältige Transmission bevorsteht und daß ich darauf anderswo, anderswann, anderswem antworten soll, wer weiß in was für einer Sprache, und es kommt jetzt nur darauf an, daß ich das Antworten auf mich nehme. Immer aber ist mir ein Wort geschehen, das eine Antwort heischt.

Diese Wahrnehmungsweise sei *Innewerden* genannt.

Es muß keineswegs ein Mensch sein, dessen ich innewerde; es

kann ein Tier sein, ein Gewächs, ein Stein. Keine Art von Erscheinung, keine Art von Begebenheit ist grundsätzlich aus der Reihe derer geschaltet, durch die mir jeweils etwas gesagt wird. Nichts kann sich weigern, dem Wort Gefäß zu sein. Die Möglichkeitsgrenzen des Dialogischen sind die des Innewerdens.

3 »Wer redet?«

Wir werden in den Zeichen des widerfahrenden Lebens angeredet. Wer redet?

Es würde uns nicht frommen, zur Entgegnung die Vokabel Gott herzusetzen, wenn wirs nicht von jener entscheidenden Stunde der persönlichen Existenz aus tun, wo wir alles vergessen mußten, was wir von Gott zu wissen wähnten, nichts Überkommenes, nichts Gelerntes, nichts Selbstersonnenes behalten durften, keinen Fetzen Wissen, und eingetaucht wurden in die Nacht.

Wenn wir aus ihr ins neue Leben steigen und darin die Zeichen zu empfangen beginnen, was können wir von dem wissen, das – der sie uns gibt? Nur was wir jeweils aus den Zeichen selber erfahren. Nennen wir den Sprecher dieser Sprache Gott, so ist es immer der Gott eines Augenblicks, ein Augenblicksgott.

Ich will nun einen linkischen Vergleich gebrauchen, weil ich keinen rechten kenne. –

Wenn wir ein Gedicht wirklich aufnehmen, wissen wir von dem Dichter nur das, was wir daraus von ihm erfahren – keine biographische Weisheit taugt zur reinen Aufnahme des Aufzunehmenden: das Ich, das uns angeht, ist das Subjekt dieses einzigen Gedichts.

Wenn wir aber in der gleichen getreuen Weise andre Gedichte dieses Dichters lesen, schließen sich ihre Subjekte doch in all ihrer Mannigfaltigkeit, einander ergänzend und bestätigend, zu dem einen polyphonen Dasein der Person zusammen.

So ersteht uns aus den Gebern der Zeichen, den Sprechern der Sprüche im gelebten Leben, aus den Augenblicksgöttern identisch der Herr der Stimme, der Eine.

Oben und unten sind aneinander gebunden. Wer mit den Menschen reden will, ohne mit Gott zu reden, dessen Wort vollendet sich nicht; aber wer mit Gott reden will, ohne mit den Menschen zu reden, dessen Wort geht in die Irre.

Es wird erzählt, ein gottbegeisterter Mann sei einst aus den Bereichen der Geschöpflichkeit in die große Leere gegangen. Da wanderte er, bis er an die Pforte des Geheimnisses kam. Er pochte. Von drinnen rief es ihn an: »Was willst du hier?« »Ich habe«, sagte er, »den Ohren der Sterblichen dein Lob verkündet, aber sie waren mir taub. So komme ich zu dir, daß du selber mich vernehmest und mir erwiderst.« »Kehr um«, rief es von drinnen, »hier ist dir kein Ohr. In die Taubheit der Sterblichen habe ich mein Hören versenkt.«

Die wahre Anrede Gottes weist den Menschen in den Raum der gelebten Sprache, wo die Stimmen der Geschöpfe aneinander vorübertasten und eben im Verfehlen den ewigen Partner erreichen.

4 Worauf es ankommt

(Zu einer Rundfrage, Juni 1934)

Mir scheint das Wichtige an den Antworten auf Ihre Umfrage [»Was sollen wir tun?«] nicht ein bestimmter Inhalt, sondern der kritische, illusionsfreie Ernst zu sein, von dem sie gemeinsam getragen sind. Das ist gewiß die rechte Haltung unserer inneren Problematik gegenüber. Im übrigen möchte ich von da aus auf zwei Dinge hinweisen.

Das erste ist, daß die religiöse Wirklichkeit einem so lange verschlossen bleibt, als ihm um Religion zu tun ist. Man ist heute vielfach zu der Überzeugung durchgedrungen, daß wir ein religiöses Leben brauchen, und man versucht sodann, ein solches herzustellen, oder zumindest, für dessen Herstellung zu werben. Aber das ist ein aussichtsloses Bemühen; so kann nichts entstehen als Schein und Phrase. Einen zuverlässigen Anfang gibt es erst dann, wenn es uns nicht mehr darum zu tun ist, Religion zu haben; wenn wir uns, aller »Sicherung« bloß, vor den hinwerfen, der uns falsche Sicherheiten zerschlagen hat, um unseren Sicherheitswahn, der sich zwischen uns und ihn gedrängt hatte, zu vernichten.

Und das zweite: wenn wir von diesem Hingeworfensein aufstehen, die Härte des Bodens noch an unserer Stirn, und in den Tag blinzeln, laßt uns den heiligen Entschluß fassen, in dem Getriebe der Widrigkeit, in das wir nun zurückzutreten haben, das uns zu bewahren, was wir dort, am Boden, erfuhren! Jagen wir wieder nach neuen Sicherungen, dann haben wir es, haben wir uns verloren. Nur wenn wir die Unsicherheit aushalten, aber nicht als ein Verlassensein, vielmehr als das einzige uns jetzt und hier gewährte Verbundensein mit unserem Vater und König, nur dann bleiben wir in der Wirklichkeit, die wir, hingeworfen, verspürt hatten, bleibt uns der unaussprechliche Sinn unseres Daseins, der sich uns da zu ahnen gab.

5 Gegenseitigkeit (aus einem Brief)

Jerusalem, 14.12.1947

Lieber Herr Bergmann –

Die gewichtigen Fragen, die Sie in Ihrem Brief vom 1. aufwerfen, erfordern eigentlich eine viel ausführlichere Antwort, als ich sie heute, bei der geringen Muße, die die Situation [Die nach dem UNO-Beschluß vom 29.11.1947 über die Teilung Palästinas ausgebrochenen Unruhen] einem gewährt, geben kann. Aber Sie werden auch aus meinen knappen Andeutungen das Wesentliche zu entnehmen verstehen.

Das Problem der Gegenseitigkeit ist in »Ich und Du« in der Tat nicht hinreichend geklärt. Was ich meine, ist dies: Jedes echte Wahrnehmen – im Sinn der vollkommenen Bereitschaft des wahrnehmenden Wesens – ist zugleich ein Wahrgeben, von Seiten des »Gegenstands«. Die sogenannte Passivität der Natur dem sie anschauenden Menschen gegenüber ist nicht die innerste Wirklichkeit. Je echter die Anschauung ist, umsomehr ist sie wirkliche Begegnung zwischen m (der jeweiligen menschlichen Person) und x (der in sich unbekannten und unkenntlichen, aber anschaubaren Realität). Die Beteiligung von x an der Begegnung kann – so im Fall der »toten« Natur – toto genere verschieden sein von der von m, und ferner kann sie sich als solche unserer Beobachtung völlig entziehen, ohne daß es uns deshalb erlaubt wäre, sie zur bloßen Metapher (»dies *wirkt* auf mich *ein*«) zu degradieren. Die Gesamtheit dieser Erfahrung möchte ich, der Gesamtheit der als solche in die Erscheinung und Erfahrung tretenden Beteiligung des »Gegenstands« gegenüber, etwa als Schwellenwelt der Gegenseitigkeit bezeichnen, – innerhalb deren es Stufen gibt. Da ich mich durch meine Gewißheit zu keinem Panpsychismus – also zu keiner von der Wirklichkeit der Beziehung abstrahierenden philosophischen Theorie über das nicht Beobachtbare – verleiten lassen will, muß ich die Problematik des Themas im Bewußtsein halten. (Ich verweise auf den Satz vom »Glimmerstück« [Ein Satz aus »Ich und Du«, Werke I, S. 144f.; Das dialogische Prinzip, S. 100. – Der Satz weist zurück auf eine Stelle in »Daniel« (1913), Werke I, S. 73f., L.W.]

6 Die Welt ist das, woran man sich stößt

(aus einem Brief an Hans Trüb, 27.8.1946)

Welt ist doch offenbar *zunächst* das, woran sich die Seele »stößt«. Für den Säugling ist nicht die Mutterbrust, die ihm zugehört, sondern die Schmerz verursachende Tischkante »Welt«. Welt ist zunächst, d.h. im »Ausgangszustand« des Menschen, das, was sich so nachdrücklich als »anders als ich« dokumentiert, daß ich es in meine Seele nicht einbeziehen, in sie nicht »eintragen« kann. Wahrnehmung von Welt *als Welt* erfolgt immer wieder durch Widrigkeit, durch Widerstand, durch Widerspruch, durch »Widersinn« – der überwunden werden muß, ehe es zu einem Einvernehmen oder gar zu einer Freundschaft, Liebschaft mit der Welt kommen kann. Ehe mir die Welt als nicht- mein gegenwärtig geworden ist, vermag sie mir nicht mein zu werden. Dieser Tatbestand, daß die Welt nicht mein »ist«, aber mein »werden« kann (natürlich nicht schlechthin, sondern nur je und je in echten Begegnungen), und daß sie auch dann, wenn sie solcherweise mein wird, nicht mein als in-mir, sondern mein als mit-mir ist, dieser Tatbestand ist, wie durch manche andern modernen Konzeptionen, so auch durch die des »Unbewußten« verdunkelt worden. Als psychologischer Hilfsbegriff – der mit Vorsicht und Zurückhaltung zu handhaben, immer wieder mit der Wirklichkeit zu konfrontieren, stets dynamisch und nicht statisch, als Prozeß und nicht als Vorhandenheit zu fassen ist – ist das Unbewußte anzuerkennen; es prätendiert aber ungeheuer viel mehr, es will durch die Fiktion der »Welt in der Seele«, also einer Welt die mein-in-mir ist, die Möglichkeit des »Lebens der Seele mit der Welt«, also des jeweiligen Erscheinens einer Welt, die mein-mit-mir ist, verdecken.

7 Konkretes Geschehen erzählen

[Offener Brief an Max Brod, verfaßt im Juli 1949, gedruckt in: Ein Kampf um Wahrheit. Max Brod zum 65. Geburtstag, hrsg. von Ernst Taussig, Tel Aviv 1949.]

Lieber Max Brod –

Unser Gespräch aus Anlaß Ihres »Galilei« [»Galilei in Gefangenschaft«, Winterthur 1948] geht mir nach, und ich will, Ihren und meinen eigenen Wunsch zu erfüllen, genauer formulieren, welcher neuartigen Gattung er mir anzugehören scheint. Ich meine den Roman, dem das irdische Schicksal des Geistes zum Thema geworden ist. Ich sage nicht: das Schicksal des geistigen Menschen, denn das ist je und je behandelt worden. Sondern es ist den Erzählern, die ich im Sinn habe, um den Geist selber zu tun, um Begegnung, Kampf und versuchte (hienieden wohl nie völlig gelingende) Versöhnung geistiger Potenzen, sodann aber um das geistige Ringen in den Tiefen der Person selber, tiefer noch als alles Widereinander von »Geist« und »Trieben«: den Streit zwischen einem geistigen Trieb und einem andern geistigen Trieb; das und noch manches dazu. All dies, das Leben des Geistes, zu erzählen, nicht zu erörtern, sondern zu erzählen – merkwürdig genug, daß es heute Mal um Mal unternommen wird, noch merkwürdiger, daß es nicht selten einigermaßen gelingt.

In unserm Gespräch wiesen Sie, um zu belegen, daß es sich nicht um ein Novum handle, auf Flauberts »Bouvard et Pécuchet« [Roman Flauberts, 1872 begonnen, 1881 als Fragment posthum gedruckt] hin. Aber gerade daran ist das Neue jener Versuche, von denen wir sprachen, und darunter des Ihren deutlich zu machen. Flaubert läßt die »Helden« seines »Romans« das Abenteuer eines Erkenntnisgegenstands nach dem andern bestehen, wie er seinen Antonius die Versuchung einer mythisch-gnostischen Vision nach der andern bestehen ließ [La tentation de Saint-Antoine, Paris 1874]; dort wie hier eine Aneinanderreihung geistiger Begebenheiten, ohne daß ein Lebensstrom starken Gefälls sie trüge, nicht aber die Erzählung eines Geistesschicksals, wo Vorgang aus Vorgang bricht, jeder seiner Daseinsstelle zugeteilt und keiner andern zuteilbar. Die epische Literatur, deren höchstes Anliegen es ist, durch den bloßen Bericht eines Ablaufs von Ereignissen das Geheimnis menschlichen Schicksals wahrnehmbar zu machen, hat lange Zeit die Tatsache unbeachtet gelassen, daß der Geist, weil nur in personhaften Existenzen realisiert, aus der Gebundenheit an deren Schicksal auch selber ein eignes, spezifisch geistiges Schicksal empfängt. Beide,

Lebensschicksal und Geistesschicksal, in ihren geschichtlich-biographisch bestimmten Mischungen und Entmischungen zu erzählen, wirklich, das heißt, als konkretes Geschehen zu erzählen, ist das Wagnis, dessen sich die denkfähigen Romanciers unserer Zeit, wissend, daß es die Zeit der Krisis von Geist und Leben in ihrer Wechselwirkung ist, einer nach dem andern unterfangen müssen. Ich bin selber, wiewohl dem Stande der Romanciers nicht angehörend, unter denen, die die Nötigung dazu überkommen hat [Anspielung auf »Gog und Magog«, dessen hebräische Ausgabe 1943 und dessen deutsche Ausgabe 1949 erschien. Der Brief zeigt, in welchem Licht Buber den Versuch dieser »Chronik« sah], und habe ihr allerhand zu verdanken, darunter auch das besondere kameradschaftliche Vale, das ich Ihnen sende.

8 Das Soziale und das Zwischenmenschliche

Man pflegt das, was sich zwischen Menschen begibt, dem Gebiet des »Sozialen« zuzurechnen und verwischt damit eine grundwichtige Trennungslinie zwischen zwei wesensverschiedenen Bereichen der Menschenwelt. Ich selbst habe, als ich vor nahezu fünfzig Jahren mich in dem Wissen von der Gesellschaft selbständig zurechtzufinden begann und mich dabei des damals noch unbekannten Begriffs des Zwischenmenschlichen bediente, den gleichen Irrtum begangen. Seither ist mir mit zunehmender Klarheit die Erkenntnis aufgegangen, daß wir hier eine Sonderkategorie, ja, wenn ein mathematisches Fachwort solcherart bildlich gebraucht werden darf, eine Sonderdimension unseres Daseins vor uns haben, und zwar eine, die uns so vertraut ist, daß wir bisher ihrer Besonderheit kaum recht inne geworden sind. Und doch ist die Einsicht in diese ihre Besonderheit von hoher Bedeutung nicht für unser Denken allein, sondern auch für unser Leben.

Von sozialen Phänomenen dürfen wir überall da sprechen, wo das Miteinanderdasein einer Vielheit von Menschen, ihre Verbundenheit miteinander gemeinsame Erfahrungen und Reaktionen zur Folge hat. Diese Verbundenheit aber bedeutet nur, daß all die einzelnen Existenzen in einer gruppenhaften beschlossen und von ihr umfangen sind; sie bedeutet nicht, daß zwischen einem und dem andern innerhalb der Gruppe eine irgend personhafte Beziehung bestehe. Wohl empfinden sie einander spezifisch zusammengehörig in einer Weise, die von jeder möglichen Zusammengehörigkeit mit jemandem außerhalb der Gruppe sozusagen grundsätzlich verschieden ist; und wohl ergeben sich auch immer wieder, insbesondere im Leben kleinerer Gruppen, Kontakte, die die Entstehung individueller Beziehungen häufig begünstigen, nicht selten freilich eher erschweren. Auf keinen Fall jedoch involviert schon die Mitgliedschaft in der Gruppe eine Wesensrelation zwischen einem Mitglied und dem andern. Es hat zwar in der Geschichte Gruppen gegeben, die sogar höchst intensive und intime Beziehungen zwischen je zwei ihr Angehörigen – etwa homoerotische wie bei den japanischen Samurai und den dorischen Kriegern – umfaßten und sie um des strafferen Zusammenhalts der Gruppe willen begünstigten; im allgemeinen aber ist zu sagen, daß die Führungen der Gruppen, zumal im späten Verlauf der Menschengeschichte, eher geneigt sind, das persönliche Beziehungselement zugunsten des rein kollektiven Elements zu verdrängen. Wo dieses ausschließlich oder doch überwiegend waltet, fühlt sich der Mensch von der Kollektivität getragen, die ihn der Einsamkeit, der Weltangst, der Verlorenheit enthebt, und in dieser für den modernen Menschen wesentlichen Funktion scheint das Zwischenmenschliche, das Leben zwischen Person und Person, mehr und mehr gegen das Kollektive zurückzutreten. Das kollektive Miteinander ist darauf bedacht, die Neigung zum personhaften Zueinander in Schranken zu halten. Es ist, als sollten die in der Gruppe Verbundenen in der Hauptsache nur noch gemeinsam dem Werk der Gruppe zugekehrt sein und nur in sekundären Begegnungen sich den von jener tolerierten persönlichen Beziehungspartnern zuwenden.

Der Unterschied zwischen den zwei Bereichen ist mir einmal sehr spürbar geworden, als ich mich in einer großen Stadt dem Umzug einer Bewegung angeschlossen hatte, der ich nicht angehörte; ich tat es aus Anteilnahme an der von mir als bevorstehend geahnten tragischen Entwicklung im Schicksal eines Freundes, der einer der Führer jener Bewegung war. Während der Zug sich formte, stand ich im Gespräch mit ihm und einem andern, einem gutherzigen »wilden Mann«, der aber auch schon vom Tod gezeichnet war. In diesem Augenblick fühlte ich die beiden noch wirklich mir gegenüber, jeden von beiden als einen mir vertrauten Menschen, vertraut auch noch in dem, was mir am fernsten war; so anders als ich, daß meine Seele sich je und je an seiner Anderheit wehstieß, aber doch mit eben dieser Anderheit mir das Sein authentisch gegenüberstellend. Da setzten sich die Formationen in Gang, und nach kurzer Zeit war ich schon allem Gegenüber entrückt, nur noch in den Zug einbezogen, den ziellosen Schritt mitschreitend, und ganz ebenso verhielt es sich offenbar mit den beiden, mit denen ich eben erst das Menschenwort getauscht hatte. Nach einer Weile kamen wir an einem Kaffeehaus vorbei, in dem ich tags vorher mit einem mir nur flüchtig bekannten Musiker zusammengesessen hatte. Im gleichen Nu öffnete sich die Tür, der Musiker stand an der

Schwelle, erblickte mich, anscheinend mich allein, und winkte mir zu. Sogleich war es mir, als würde ich aus dem Zug und der Gegenwart der mitschreitenden Freunde geschaltet und dorthin, dem Musiker gegenüber, gestellt. Ich wußte nichts davon, daß ich im gleichen Takt weiterging, ich erfuhr mich als drüben stehend und lautlos, mit einem Lächeln des Einvernehmens, dem Anrufenden die Antwort gebend. Als das Bewußtsein der Tatsächlichkeit mir wiederkehrte, hatte der Zug, dessen Spitze meine Gefährten und ich bildeten, das Kaffeehaus schon hinter sich gelassen.

Selbstverständlich erstreckt sich der Bereich des Zwischenmenschlichen weit über den der Sympathie hinaus. Es können ihm schon so simple Vorfälle zugehören, wie wenn im überfüllten Straßenbahnwagen zwei Unbekannte Beachtungsblicke tauschen, um sogleich wieder in die Konvenienz des Nichts-voneinander-wissenwollens zurückzugleiten. Aber auch alles, noch so beiläufige, Zusammentreffen von Gegnern ist hierher zu zählen, wenn es auf die gegenseitige Haltung einwirkt, wenn sich also etwas, wie unmerklich auch, zwischen ihnen vollzieht, gleichviel ob es zur Stunde gefühlsbetont ist oder nicht. Es kommt auf nichts anderes an, als daß jedem von zwei Menschen der andere als dieser bestimmte Andere widerfährt, jeder von beiden des andern eben so gewahr wird und eben daher sich zu ihm verhält, wobei er den andern nicht als sein Objekt betrachtet und behandelt, sondern als seinen Partner in einem Lebensvorgang, sei es auch nur in einem Boxkampf. Dies ist das Entscheidende: das Nicht-Objektsein. Bekanntlich behaupten manche Existentialisten, es sei das Grundfaktum zwischen Menschen, daß einer dem andern Objekt ist; soweit es aber so zugeht, ist die eigentümliche Wirklichkeit des Zwischenmenschlichen, das Geheimnis des Kontakts, schon in hohem Maße eliminiert. Ganz kann es freilich nicht eliminiert werden. Man nehme als krasses

Beispiel dies, daß zwei Menschen einander beobachten: das Wesentliche an der Begebenheit ist nicht, daß der eine den andern zu seinem Objekt macht, sondern daß und warum es ihm nicht völlig gelingt. Gegenstand der Beobachtung werden zu können haben wir mit jedem Ding gemein; daß ich aber durch die verborgene Aktion meines Seins der Objektivierung eine unübersteigliche Schranke zu setzen vermag, ist das Privileg des Menschen. Wahrgenommen, als seiende Ganzheit wahrgenommen kann es nur partnerlich werden.

Von soziologischer Seite mag meiner Unterscheidung von Sozialem und Zwischenmenschlichem entgegengehalten werden, die Gesellschaft erbaue sich doch gerade auf den menschlichen Beziehungen und die Lehre von ihnen sei demgemäß recht eigentlich als die Grundlegung der Soziologie anzusehen. Aber hier gibt sich eine Doppeldeutigkeit des Begriffs »Beziehung« kund. Wir sprechen etwa von einer werkkameradschaftlichen Beziehung zwischen zwei Menschen und meinen damit keineswegs bloß das, was sich zwischen ihnen als Kameraden begibt, sondern auch eine dauernde Verfassung, die sich in jenen Begebenheiten aktualisiert, aber auch rein individualpsychische Vorgänge umschließt, wie den der Erinnerung an den abwesenden Kameraden. Ich meine jedoch mit der Sphäre des Zwischenmenschlichen lediglich aktuale Ereignisse zwischen Menschen, sei es voll gegenseitige, sei es solche, die sich unmittelbar zu gegenseitigen zu steigern oder zu ergänzen geeignet sind; denn die Partizipation beider Partner ist prinzipiell unerläßlich. Die Sphäre des Zwischenmenschlichen ist die des Einander-gegenüber; ihre Entfaltung nennen wir das Dialogische.

Demgemäß ist es auch von Grund aus irrig, die zwischenmenschlichen Phänomene als psychische verstehen zu wollen. Wenn etwa zwei Menschen ein Gespräch miteinander führen, so gehört zwar eminent dazu, was in des einen und des andern Seele vorgeht, was, wenn er zuhört, und was, wenn er selber zu sprechen sich anschickt. Dennoch ist dies nur die heimliche Begleitung zu dem Gespräch selber, einem sinngeladenen phonetischen Ereignis, dessen Sinn weder in einem der beiden Partner noch in beiden zusammen sich findet, sondern nur in diesem ihrem leibhaften Zusammenspiel, diesem ihrem Zwischen.

9 Über den dialogischen Charakter der Sprache

Gegen die Einsicht in den dialogischen Charakter der Sprache wird wohl darauf hingewiesen, daß Denken wesentlich ein Sprechen des Menschen mit sich selber sei. Damit wird zweifellos an eine Wirklichkeit gerührt; aber sie kann so nur berührt, nicht erfaßt werden. Das sogenannte Gespräch mit sich selber ist erst von der Grundtatsache des Miteinandersprechens von Menschen aus möglich, als dessen »Verinnerlichung«. Wer aber die schwere Arbeit nicht scheut, sich auf eine vergangene Stunde seines Denkens nicht ihren Ergebnissen nach, sondern ihren Begebnissen nach gründlich zu besinnen, und mit dem Anfang anfängt, mag auf eine Urschicht stoßen, die er nun durchwandern kann, ohne einem Wort zu begegnen. Man merkt jetzt: man hatte etwas in den Griff bekommen, ohne daß einem das Werdenwollen einer Begrifflichkeit spürbar geworden wäre. Deutlicher gibt sich uns in solcher Rückschau die zweite Schicht zu sehen, von eben diesem Werdenwollen durchwaltet; wir dürfen sie als die der Sprachstrebigkeit bezeichnen. Das Innesein strebt immer wieder danach, Sprache, Denksprache, begreifende Sprache zu werden. Und nun erst treten wir im Werk unseres Erinnerns in die eigentliche Sprachschicht ein. Ja, hier wird, wie lautlos auch noch, doch schon erkennbar gesprochen. Aber spricht der Denkende zu sich selbst, als Denkendem? Im Sprechen des inneren Wortes will er es nicht sich zu Gehör bringen, nicht diesem da, der es ja eben schon als der es Aussprechende kennt, sondern den Namenlosen, Unvorgestellten, Unvorstellbaren, von denen er in seinem Begriffenhaben begriffen werden will. Der Denker ist ursprunghaft einsamer als der Dichter, aber nicht zielhaft einsamer als er. Wie der Dichter ist er hingewandt, ohne sich hinzuwenden. Gewiß, es ist eine selbeigne Instanz, von der er die zuständige Prüfung seiner Begriffswelt vollziehen läßt; aber diese Welt ist nicht für jene Instanz bestimmt, nicht ihr zugedacht. Freilich sind manche modernen – und das heißt eben oft: entsokratisierten – Philosophen mit der Ganzheit ihrer Geistwelt einer monologisierenden Hybris verfallen, was einem Dichter kaum je widerfährt; aber dieser Monologismus, der zwar mit dem Existentialen, aber nicht auch mit dem Existentiellen vertraut ist, er in all seiner bannenden Kraft bedeutet eben die stärkste Androhung des Zerfalls.

Jeder Versuch, den Monolog als vollgültiges Gespräch zu verstehen, weswegen nicht auszumachen wäre, ob er oder der Dialog das Ursprünglichere sei, muß daran scheitern, daß ihm die ontologische Grundvoraussetzung des Gesprächs fehlt, die Anderheit, konkreter: das Moment der Überraschung. Die menschliche Person ist sich selbst nicht in dem Sinn unvorhersehbar wie irgendeiner ihrer Partner: darum kann sie sich selbst kein echter Partner, kann sich kein realer Frager und kein realer Antworter sein; sie »weiß ja irgendwo schon« immer die Antwort zu der Frage, und zwar nicht in dem »Unbewußten« der modernen Psychologie, sondern in einem der Bezirke des bewußten Daseins, in einem Bezirk, der, obzwar im Augenblick der Frage ungegenwärtig, eben im nächsten schon aufblitzend gegenwärtig werden kann.

Man hat gelegentlich in der philosophischen Erörterung der Sprache das Sprechen als »durch und durch ›monadisch‹« bezeichnet. Auf Wilhelm von Humboldts Gegebenheit des Du im Ich darf sich diese Auffassung nicht berufen; denn Humboldt wußte genau, wodurch die Tatsache des Du im Ich bedingt ist: dadurch, daß das Ich anderem Ich zum Du wird. »Woher käme sonst auch«, fährt der sich irrtümlich auf Humboldt berufende Philosoph Hönigswald in diesem Zusammenhang fort, »die grundsätzliche Möglichkeit des Mißverstehens oder Mißverstandenwerdens?«

Wie aber, wenn gerade diese Möglichkeit dem Sprechen wesenhaft eignet, weil die Sprache ihrem Wesen nach ein System möglicher Spannungen ist – und das Denken eben deshalb nicht ein »Sprechen mit sich selbst«, weil der realen Spannung ermangelnd? Es verhält sich ja keineswegs einfach so, daß ein Gespräch, das auf ein Sichverständigen der Partner über den Sinn eines Vorgangs abzielt, die von vornherein bestehende Verständigung über den Sinn der zu verwendenden Worte zur Voraussetzung hätte, wie John Locke meinte. Wenn zwei Freunde sich etwa über den Begriff des Gedankens unterreden, so mag der Begriff bei diesem und der bei jenem einander sehr sinnähnlich sein, als sinnidentisch dürfen wir sie nicht ansehn. Das ändert sich auch nicht, wenn die beiden damit beginnen, sich auf eine Definition des Begriffs zu einigen: das große Faktum der Personhaftigkeit wird auch noch in die Definition einzudringen wissen – es sei denn, daß die beiden »Redegesellen« gemeinsam den Logos an die Logistik verraten. Wird nun die Spannung zwischen den beiden Begriffsgehalten allzu groß, so entsteht ein Mißverständnis, das sich bis zur Zerstörung steigern kann; unterhalb des kritischen Punktes aber muß die Spannung keinesfalls unwirksam bleiben, sie kann fruchtbar werden, sie wird es immer da, wo aus dem Einander-Verstehen echtes Gespräch sich entfaltet.

Daraus ergibt sich, daß nicht die Eindeutigkeit des Wortes, sondern seine Mehrdeutigkeit die lebendige Sprache konstituiert. Die Mehrdeutigkeit erzeugt die Problematik des Redens, und sie erzeugt deren Bewältigung im Verstehen, das keine Angleichung, sondern eine Fruchtbarkeit ist. Die Mehrdeutigkeit des Wortes, die wir seine Aura nennen dürfen, muß in irgendeinem Maße schon bestanden haben, wann immer Menschen in ihrer Vielfältigkeit zueinandertraten, sie äußernd, um ihr nicht zu erliegen. Die Gemeinschaftlichkeit des Logos, als »Wort« und als »Sinn«, die den Menschen zum Menschen macht, bekundet sich von je in der je und je sich vollziehenden Vergemeinschaftung der gesprochenen Worte.

Ich entsinne mich, vor 43 Jahren von einem Internationalen Institut für Philosophie in Amsterdam, an dessen Spitze der Mathematiker Brouwer stand, den Plan einer Akademie erhalten zu haben, deren Aufgabe es sein sollte, »Wörter spirituellen Wertes für die Sprache abendländischer Völker zu schaffen«, und das heißt, von der Mehrdeutigkeit befreite Wörter. Ich antwortete, meines Erachtens sei der Mißbrauch der großen alten Worte zu bekämpfen, nicht der Gebrauch neu angefertigter zu lehren. Denn in der Sprache wie überall ertötet die *eingesetzte* Gemeinsamkeit die lebendige. Wohl hat die moderne Wissenschaft ein hohes Recht, sich ein für ihre Zwecke restlos verwendbares Verständigungsmedium zu schaffen, aber sie weiß, daß daraus nie Wort, das gesprochen wird, entstehen kann.

10 Über das Erzieherische

Das erzieherische Verhältnis ist ein rein dialogisches.

Ich habe auf das Kind hingewiesen, das, halbgeschlossener Augen daliegend, der Ansprache der Mutter entgegenharrt. Aber manche Kinder brauchen nicht zu harren: weil sie sich unablässig angesprochen wissen, in einer nie abreißenden Zwiesprache. Im Angesicht der einsamen Nacht, die einzudringen droht, liegen sie bewahrt und behütet, unverwundbar im silbernen Panzerhemd des Vertrauens.

Vertrauen, Vertrauen zur Welt, weil es diesen Menschen gibt – das ist das innerlichste Werk des erzieherischen Verhältnisses. Weil es diesen Menschen gibt, kann der Widersinn nicht die wahre Wahrheit sein, so hart er einen bedrängt. Weil es diesen Menschen gibt, ist gewiß in der Finsternis das Licht, im Schrecken das Heil und in der Stumpfheit der Mitlebenden die große Liebe verborgen.

Weil es diesen Menschen gibt. Und so muß denn aber dieser Mensch auch wirklich dasein. Er darf sich nicht durch ein Phantom vertreten lassen: der Tod des Phantoms wäre die Katastrophe der ursprünglichen Kinderseele. Er braucht keine der Vollkommenheiten zu besitzen, die sie ihm etwa anträumt; aber er muß wirklich da sein. Er muß, um dem Kind in Wahrheit präsent zu werden und zu bleiben, dessen Präsenz in seinen eignen Bestand aufgenommen haben, als einen der Träger seiner Weltverbundenheit, einen der Herde seiner Weltverantwortung. Freilich kann er sich nicht in einem fort mit dem Kind befassen, weder tatsächlich noch auch in Gedanken, und solls auch nicht. Aber hat er es wirklich aufgenommen, dann ist jene unterirdische Dialogik, jene stete potentielle Gegenwärtigkeit des einen für den anderen gestiftet und dauert. Dann ist Wirklichkeit *zwischen* beiden, Gegenseitigkeit.

Aber diese Gegenseitigkeit – das macht die Besonderheit des erzieherischen Verhältnisses aus – kann nicht eine der Umfassung sein, obgleich die wahre Beziehung des Erziehers zum Zögling auf eben dieser gegründet ist. Kein anderes Verhältnis zieht so wie dieses sein inneres Leben aus dem Element der Umfassung, kein anderes aber ist wie dieses darin völlig auf die Einseitigkeit hingewiesen und büßt mit ihr sein eigenes Wesen ein.

Wir dürfen drei Hauptgestaltungen des dialogischen Verhältnisses unterscheiden.

Die eine beruht auf einer abstrakten, aber gegenseitigen Umfassungserfahrung.

Das deutlichste Beispiel dafür ist eine Disputation zweier in Artung, Anschauung, Berufung grundverschiedener Menschen, in der es sich – wie durch die Handlung eines so namenlosen wie unsichtbaren Boten – in einem Nu begibt, daß jeder die mit den Insignien der Notwendigkeit und des Sinns bekleidete Legitimität des andern gewahrt. Welch eine Erleuchtung! Um nichts wird die eigne Wahrheit, die eigne Überzeugungsmacht, der eigne »Standpunkt« oder vielmehr Bewegungskreis durch sie geschmälert; keine »Relativierung« geschieht, es sei denn so zu nennen, daß im Zeichen der Grenze sich uns die urschicksalhafte Wesenheit der sterblichen Erkenntnis darstellt: erkennen heißt für uns Kreaturen, unsere, jeder die seine, Relation zum Seienden wahrhaft und verantwortlich erfüllen, indem wir all seine Erscheinung getreulich, weltoffen, geistoffen mit unseren Kräften empfangen und unserem Sosein einverleiben; so entsteht und besteht lebendige Wahrheit. Ich bin inne geworden, daß es so mit dem andern ist wie es mit mir ist; und daß diese beiden keine Erkenntniswahrheit, sondern allein die Seinswahrheit und das Wahrheitsein des Seienden überwaltet. Und so sind wir Anerkennende geworden.

Abstrakt habe ich diese Gestaltung genannt, nicht als ob ihre Grunderfahrung der Unmittelbarkeit entbehrte, sondern weil sie sich auf den Menschen nur als geistige Person bezieht und von der vollen Wirklichkeit seines Wesens und Lebens absehen muß. Von der Umfassung dieser vollen Wirklichkeit gehen die beiden andern aus.

Von diesen die erste, das erzieherische Verhältnis, hat ihren Grund in der konkreten, aber einseitigen Umfassungserfahrung.

Wenn Erziehung bedeutet, eine Auslese der Welt durch das Medium einer Person auf eine andere Person einwirken zu lassen, so ist die Person, durch die dies geschieht, vielmehr, die es durch sich geschehen macht, einer eigentümlichen Paradoxie verhaftet. Was sonst nur als Gnade, in die Falten des Lebens eingelegte, besteht: mit dem eignen Sein auf das Sein anderer einzuwirken, ist hier Amt und Gesetz geworden. Damit aber, daß solchermaßen an die Stelle des meisterlichen Menschen der erzieherische getreten ist, hat sich die Gefahr aufgetan, daß das neue Phänomen, der erzieherische Wille, in Willkür ausarte; daß der Erzieher von sich und von seinem Begriff des Zöglings, nicht aber von dessen Wirklichkeit aus die Auslese und Einwirkung vollziehe. Man braucht nur etwa die Berichte über Pestalozzis Unterricht zu lesen, um zu merken, wie leicht sich bei den edelsten Pädagogen die Willkür in den Willen mengt. Das liegt fast immer an einem Aussetzen oder zeitweiligen Erlahmen des Umfassungsaktes, der eben für das Erzieherische nicht bloß, wie für andere Bereiche, regulativ, sondern schlechthin konstitutiv ist, so daß das Erzieherische aus der steten Wiederkehr dieses Aktes und dem stets erneuten Zusammenhang mit ihm seine wahre Eigenkraft gewinnt. Der Mensch, dessen Beruf es ist, auf das Sein bestimmbarer Wesen einzuwirken, muß immer wieder eben dieses sein Tun (und wenn es noch so sehr die Gestalt des Nichttuns angenommen hat) von der Gegenseite erfahren. Er muß, ohne daß die Handlung seiner Seele irgend geschwächt würde, zugleich drüben sein, an der Fläche jener anderen Seele, die sie empfängt; und nicht etwa einer begrifflichen, konstruierten Seele, sondern je und je der ganz konkreten dieses einzelnen und einzigen Wesens, das ihm gegenüber lebt, das zusammen mit ihm in der gemeinsamen Situation, des »Erziehens« und »Erzogenwerdens«, die ja *eine* ist, nur eben an deren andrem Ende steht. Es genügt nicht, daß er sich die Individualität dieses Kindes vorstelle; es genügt aber auch nicht, daß er es unmittelbar als eine geistige Person erfahre und sodann anerkenne; erst wenn er von drüben aus sich selber auffängt und verspürt, »wie das tut«, wie das diesem andern Menschen tut, erkennt er die reale Grenze, tauft er in der Wirklichkeit seine Willkür zum Willen, erneuert er seine paradoxe Rechtmäßigkeit. Er ist unter allen der eine, dem die Umfassung aus einem bestürzenden und erbauenden Ereignis zur Atmosphäre werden darf und soll.

Aber, in wie vertrauter Gegenseitigkeit des Gebens und Nehmens er auch sonst mit seinem Zögling verknüpft ist, die Umfassung kann hier keine gegenseitige sein. Er erfährt das Erzogenwerden des Zöglings, aber der kann das Erziehen des Erziehers nicht erfahren. Der Erzieher steht an beiden Enden der gemeinsamen Situation, der Zögling nur an einem. In dem Augenblick, wo auch dieser sich hinüberzuwerfen und von drüben zu erleben vermöchte, würde das erzieherische Verhältnis zersprengt oder es wandelte sich zu Freundschaft.

Freundschaft nennen wir die dritte Gestaltung des dialogischen Verhältnisses, auf die konkrete und gegenseitige Umfassungserfahrung gegründet. Sie ist das wahrhafte Einander-Umfassen der Menschenseelen.

11 Liebe ist Verantwortung eines Ich für ein Du

Daß die unmittelbare Beziehung ein Wirken am Gegenüber einschließt, ist an einem der drei Beispiele offenbar: die Wesenstat der Kunst bestimmt den Vorgang, in dem die Gestalt zum Werk wird. Das Gegenüber erfüllt sich durch die Begegnung, es tritt durch sie in die Welt der Dinge ein, unendlich fortzuwirken, unendlich Es, aber auch unendlich wieder Du zu werden, beglückend und befeuernd. Es »verkörpert sich«: sein Leib steigt aus der Flut der raum- und zeitlosen Gegenwart an das Ufer des Bestands.

Nicht so offenbar ist die Wirkensbedeutung an der Beziehung zum Menschen-Du. Der Wesensakt, der hier die Unmittelbarkeit stiftet, wird gewöhnlich gefühlhaft verstanden und damit verkannt. Gefühle begleiten das metaphysische und metapsychische Faktum der Liebe, aber sie machen es nicht aus; und die Gefühle, die es begleiten, können sehr verschiedener Art sein. Das Gefühl Jesu zum Besessenen ist ein andres als das Gefühl zum Lieblingsjünger; aber die Liebe ist eine. Gefühle werden »gehabt«; die Liebe geschieht. Gefühle wohnen im Menschen; aber der Mensch wohnt in seiner Liebe. Das ist keine Metapher, sondern die Wirklichkeit: die Liebe haftet dem Ich nicht an, so daß sie das Du nur zum »Inhalt«, zum Gegenstand hätte; sie ist *zwischen* Ich und Du. Wer dies nicht weiß, mit dem Wesen weiß, kennt die Liebe nicht, ob er auch die Gefühle, die er erlebt, erfährt, genießt und äußert, ihr zurechnen mag. Liebe ist ein welthaftes Wirken. Wer in ihr steht, in ihr schaut, dem lösen sich Menschen aus ihrer Verflochtenheit ins Getriebe; Gute und Böse, Kluge und Törichte, Schöne und Häßliche, einer um den andern wird ihm wirklich und zum Du, das ist, losgemacht, herausgetreten, einzig und gegenüber wesend; Ausschließlichkeit ersteht wunderbar Mal um Mal – und so kann er wirken, kann helfen, heilen, erziehen, erheben, erlösen. Liebe ist Verantwortung eines Ich für ein Du: hierin besteht, die in keinerlei Gefühl bestehen kann, die Gleichheit aller Liebenden, vom kleinsten bis zum größten und von dem selig Geborgnen, dem sein Leben in dem eines geliebten Menschen beschlossen ist, zu dem lebelang ans Kreuz der Welt Geschlagnen, der das Ungeheure vermag und wagt: *die Menschen* zu lieben.

Im Geheimnis verbleibe die Wirkensbedeutung im dritten Beispiel, dem von der Kreatur und ihrer Anschauung. Glaub an die schlichte Magie des Lebens, an den Dienst im All, und es wird dir aufgehn, was jenes Harren, Ausschaun, »Kopfvorstrecken« der Kreatur [Auf Röm 8,19 anspielend, L.W.] meint. Jedes Wort würde fälschen; aber sieh, die Wesen leben um dich her, und auf welches du zugehst, du kommst immer zum Wesen.

Beziehung ist Gegenseitigkeit. Mein Du wirkt an mir, wie ich an ihm wirke. Unsre Schüler bilden uns, unsre Werke bauen uns auf. Der »Böse« wird offenbarend, wenn ihn das heilige Grundwort berührt. Wie werden wir von Kindern, wie von Tieren erzogen! Unerforschlich einbegriffen leben wir in der strömenden All-Gegenseitigkeit.

– Du redest von der Liebe, als wäre sie die einzige Beziehung zwischen Menschen; aber darfst du sie auch nur als das Beispiel gerechterweise wählen, da es doch den Haß gibt?
– Solange die Liebe »blind« ist, das heißt: solange sie nicht ein *ganzes* Wesen sieht, steht sie noch nicht wahrhaft unter dem Grundwort der Beziehung. Der Haß bleibt seiner Natur nach blind; nur einen Teil eines Wesens kann man hassen. Wer ein ganzes Wesen sieht

und es ablehnen muß, ist nicht mehr im Reich des Hasses, sondern in dem der menschhaften Einschränkung des Dusagenkönnens. Daß dem Menschen widerfährt, zu seinem menschlichen Gegenüber das Grundwort, das stets eine Bejahung des angesprochenen Wesens einschließt, nicht sprechen zu können, entweder den andern oder sich selbst ablehnen zu müssen: das ist die Schranke, an der das In-Beziehung-treten seine Relativität erkennt und die erst mit dieser aufgehoben wird.

Doch der unmittelbar Hassende ist der Beziehung näher als der Lieb- und Haßlose.

12 Mehr lieben!

So ist es gemeint: die Liebe zu den Lebendigen ist die Liebe zu Gott, und sie ist höher als irgendein Dienst. Ein Meister fragte einen Schüler: »Du weißt, daß nicht zwei Kräfte zur gleichen Zeit im Menschensinn Fassung haben. Wenn du dich nun am Morgen von deinem Lager erhebst und zwei Wege sind vor dir: Liebe zu Gott und Liebe zu den Menschen, welcher ist der erste?« Jener antwortete: »Ich weiß es nicht.« Da sprach der Meister: »Es steht geschrieben in dem Gebetbuch, das in den Händen des Volks ist: ›Ehe du betest, sage das Wort: Sei liebend zu deinem Genossen, dir gleich.‹ Meinst du, das hätten die Ehrwürdigen ohne Absicht befohlen? Wenn einer dir sagt, er trage Liebe zu Gott und trage nicht Liebe zu den Lebendigen, Falsches redet er und Unmögliches gibt er vor zu besitzen.«

Darum ist, wo einer sich von Gott entfernt, die Liebe eines Menschen das einzige Heil. Als ein Vater dem Baalschem klagte:

»Mein Sohn ist von Gott gewichen – was soll ich tun?«, erwiderte er: »Ihn mehr lieben.«

Eines der chassidischen Grundworte ist dieses: mehr lieben. Seine Wurzeln graben sich tief ein und strecken sich weit hin. Der mag die Kategorie Judentum neu verstehen lernen, der es verstanden hat. Es ist eine große Bewegung darin.

Eine große Bewegung, und doch wieder nur ein verlorener Klang. Es ist ein verlorener Klang, wenn irgendwo – in jener dunkeln, fensterlosen Stube – und irgendwann – in jenen Tagen ohne Kraft der Botschaft – die Lippen eines namenlosen, dauerlosen Menschen, des Zaddiks Rabbi Rafael, diese Worte bilden: »Wenn ein Mensch sieht, daß sein Gefährte ihn haßt, soll er ihn mehr lieben. Denn die Gemeinschaft der Lebendigen ist der Wagen der Gottesherrlichkeit, und wo ein Riß im Wagen ist, muß man ihn füllen, und wo der Liebe wenig ist, daß die Fügung sich löst, muß man Liebe mehren auf *seiner* Seite, den Mangel zu zwingen.«

Dieser Rabbi Rafael rief einst vor einer Fahrt einem Schüler zu, er solle sich zu ihm in den Wagen setzen. Darauf jener: »Ich fürchte, ich könnte es Euch eng machen.« Und er mit erhobener Stimme: »So wollen wir einander mehr lieben: dann wird uns weit sein.«

Sie sollen hier stehen als Zeugen, das Sinnbild und die Wirklichkeit, verschieden und eines, untrennbar, der Wagen der Schechina und der Wagen der Freunde.

Es ist die Liebe ein Wesen, das in einem Reich lebt, größer als das Reich des Einzelnen, und aus einem Wissen redet, tiefer als das Wissen des Einzelnen. Sie ist in Wahrheit *zwischen* den Kreaturen, das heißt: sie ist in Gott. Leben durch Leben gedeckt und gebürgt, Leben sich gießend in Leben, so erst erkennt ihr die Seele der Welt. Wessen das eine ermangelt, des wird das andre ihm entgegenschwellen. Wenn eines zu wenig liebt, wird das andre mehr lieben.

Die Dinge helfen einander. Helfen aber ist: selbst in einem gesammelten Willen das Seine von sich selbst aus tun. Wie der, der mehr liebt, dem andern nicht Liebe predigt, sondern selbst liebt und sich also gewissermaßen nicht um ihn kümmert, so kümmert sich der Helfende gewissermaßen nicht um den andern, sondern tut das Seine von sich selbst aus im Gedanken der Hilfe. Das bedeutet: das Eigentliche, was zwischen den Wesen geschieht, geschieht nicht durch ihren Verkehr, sondern durch eines jeden scheinbar einsames, scheinbar unbekümmertes, scheinbar brückenloses Tun von sich selbst aus. Dies wird im Gleichnis gesagt: »Wenn ein Mensch singt und kann die Stimme nicht erheben, und einer kommt ihm zu helfen und hebt an zu singen, dann kann auch jener wieder die Stimme erheben. Und das ist das Geheimnis der Verbindung.«

II Bibel – nicht das Buch, sondern die Stimme

Buber berichtet im Vorwort seiner »Schriften zur Bibel« (Werke, Bd. II, Lambert Schneider und Kösel), er habe zum »Dienst an der Bibel« erst reifen müssen, nachdem die Arbeit an der chassidischen Überlieferung und an seinen philosophischen Anschauungen längst begonnen habe. 1914 hatte er, um das große Dokument der Frühzeit des jüdischen Volkes neu vor Augen zu stellen, den Plan einer Neu-Übersetzung der hebräischen Bibel gefaßt, der sich aber als nicht ausführbar erwies, vor allem weil die Einsicht in die Prinzipien eines solchen Werkes fehlte. 1925, als Lambert Schneider ihn um eine Übersetzung der Schrift bittet, hat er die entscheidende Erfahrung und Klärung: die Einsicht in das dialogische Leben. Er versucht mit Franz Rosenzweig zusammen erst eine Revision der Luther-Bibel; aber sie entschließen sich nach den ersten Versuchen dazu, völlig neu zu beginnen: als Prinzip ihrer Übersetzungsarbeit steht nun die »fundamentale Mündlichkeit der Schrift« vor ihren Augen; mit diesem schönen Paradox bezeichnen die beiden das Werden früher religiöser Texte in einem langen Prozeß mündlicher Überlieferung, zugleich mit dem durch und durch dialogischen Charakter des biblischen Erzählens, Anredens und Betens. Der »Gesprochenheit« der Schrift entspricht in der Buber-Rosenzweig-Übersetzung das genaue Achten auf Stil und Rhythmus, denn Inhalt und Form sei nicht zu trennen, wo es um »Botschaft« gehe. Auch der Leitwort-Stil gehöre dazu: ein Wort zieht sich gleichlautend durch Sätze, ganze Kapitel, ja durch ein Buch und durch Bücher der Schrift. Es ist vielleicht das auffälligste

Merkmal in ihrer Übersetzung, das einen bestimmten Inhalt nachhaltig einzuprägen und auf nicht wörtlich Ausgesagtes hinzuweisen vermag. In dem Buch »Die Schrift und ihre Verdeutschung« (Berlin 1936) hat Buber von seinen und seines Freundes Übersetzungs-Grundsätzen Rechenschaft gegeben[1].

Aus der wohltätigen Schule der strengen philologischen Arbeit und des dichterisch genauen Hörens auf den ursprünglichen Klang, aus dem lebenslangen Feilen an der Übersetzung – Buber hat sie nach F. Rosenzweigs Tod 1929 allein weitergeführt, immer wieder revidiert und 1961 abgeschlossen[2] – sind nach und nach Bubers größere und kleinere Schriften zur Auslegung der Bibel hervorgegangen. Den ersten Plan einer durchgehenden »Auslegung der Schrift« in vier Bänden, entsprechend der Einteilung der Buber-Rosenzweig-Übersetzung [mit dem Titel »Der biblische Glaube«] (Briefwechsel II, Nr. 243, 1927, an F. Rosenzweig – beachte die informative Anmerkung 2 dazu!) hat Buber wieder fallengelassen. Von dem zweiten Plan eines auf drei Bände berechneten Werkes, »Das Kommende. Untersuchungen zur Entstehungsgeschichte des messianischen Glaubens«, ist 1932 »Königtum Gottes« erschienen, der zweite Band, »Der Gesalbte«, sollte 1939 erscheinen; jedoch war der Schocken Verlag (Berlin) 1938 von der Gestapo geschlossen worden; das fertiggestellte Bruchstück ist in den »Werken II« publiziert[3]. Aus anderem Anlaß entstand nach 1938 »Der Glaube der Propheten« und schließlich, als letztes der größeren Werke, »Moses«[4]. Die kleineren Schriften zur Bibel und ihrer Auslegung waren seit den späten 20er Jahren entstanden, wie sie jetzt in »Werke II« zusammengestellt sind, Gelegenheitsschriften, in eine bestimmte Situation hineingesprochen, aber alle durchweht von dem einen großen Atem, von der Inspiration der vernommenen Anrede, vom Hören auf die ferne Stimme, vom Dialog zwischen oben und unten.

Die Buber-Rosenzweig-Übersetzung ist von Anfang an unterschiedlich beurteilt worden – von der Zustimmung S.J. Agnons (Briefwechsel II, Nr. 224) über die vorsichtige, bewundernde Kritik Gershom Scholems, der die »übermäßige Tonhöhe«, das Pathos der Übersetzung anmerkt (Briefwechsel II, Nr. 212, 1926), bis zu der harten Kritik Rudolf Borchardts[5]. Vielleicht muß man Buber seine Übersetzung sprechen hören – es gibt Stücke daraus auf Schallplatten –, oder selber sie zu sprechen versuchen, um sich in den Ton hineinzuhören und ihn schätzen zu lernen; sicherlich ist die Übersetzung schwierig, sie täuscht nicht über die Schwierigkeit des Originals durch glatte Sprache.

Gewiß ist Bubers Auffassung von der Bibel selektiv, vielleicht aber deshalb sehr geschlossen und von hoher Anregungskraft. Vor allem ist sie nach dem prophetischen Impuls hin akzentuiert, das Gesetzhafte und die kultische Überlieferung interessieren Buber wenig.

Er verdankt dem persönlichen Umgang mit dem Soziologen und Sozialökonomen Max Weber in Heidelberg in den Jahren von 1916-1919 das Achten auf die soziologisch-politische Erscheinungsform des biblischen Glaubens: es gehe um »Glaubensgeschichte«, also um das Verhältnis eines *Volkes* zu seinem Gott, und zwar in allen Lebensbereichen, bis hin zur Politik. Das Gespür für das Anarchische im frühen Israel, für die charismatische Führung (M. Weber) mündet schließlich ein in die große Idee der sozialen Gerechtigkeit, durchaus bezogen auf die eine Mitte, Gott; in die Anschauung der Einheit von Glauben und Ethos, auch und besonders sozialem Ethos.

In den Umkreis der biblischen Themen gehört Bubers Auseinandersetzung mit dem Christentum. Er hat sich früh sehr unbefangen mit der Gestalt Jesu befaßt, den er einfach als prophetischen

Menschen versteht; später kann er auch würdigen, daß Jesus für die »Völker« messianischen Rang hat. Er grenzt sich aber scharf von der »Vergottung« Jesu durch Paulus und Johannes ab; davon spricht sein Buch »Zwei Glaubensweisen« (1950)[6], das in dieser Auswahl nicht berücksichtigt ist. Buber hat für sein Verständnis des Christentums besonders viel von Albert Schweitzer und Rudolf Bultmann gelernt.

Buber meint nicht das kodifizierte heilige Buch, dem so viele Zeit und Arbeit gegolten hat; er will aus dem vielstimmigen Chor der biblischen Bücher *Die eine Stimme* hörbar werden lassen, die auch heute noch anspricht und beunruhigt. Daß Buber von 1933-1938 in Deutschland Bibelkurse gehalten hat, um die Widerstandskraft und das Selbstbewußtsein der Juden zu stärken, belegt das. Als er nach Israel übersiedelte, strebte er einen Lehrstuhl für Religionswissenschaft an der Jerusalemer Universität an, den er vorher schon (bis zu seinem Ausweichen vor den Nazis) in Frankfurt innegehabt hatte; aber orthodoxe Kreise wußten das zu verhindern. Gleichwohl, von seiner Auslegung und Aktualisierung der uralten Überlieferung haben seither viele gelernt – vielleicht mehr Christen als Juden.

(Von den Stücken dieses Abschnitts sind die Anmerkungen weggelassen, sofern sie die wissenschaftliche Diskussion betreffen und nicht von allgemeinem Interesse sind.)

13 Der Mensch von heute und die jüdische Bibel

Es gilt nicht eine »Rückkehr zur Bibel«. Es gilt die Wiederaufnahme bibelechten Einheitslebens mit unserm ganzen zeitverflochtenen Wesen, die ganze Schwere unsrer späten Vielfältigkeit auf der Seele, die unumgreifbare Materie dieser Geschichtsstunde ohne Abstrich uns gegenwärtig; es gilt in bibeltreuer Glaubensaufgeschlossenheit unseren heutigen Situationen dialogisch verantwortend standzuhalten.

Meinen wir ein Buch? Wir meinen die Stimme. Meinen wir, daß man lesen lernen soll? Wir meinen, daß man hören lernen soll. Kein andres Zurück, als das der Umkehr, die uns um die eigne Achse dreht, bis wir nicht etwa auf eine frühere Strecke unsres Wegs, sondern auf den Weg geraten, wo die Stimme zu hören ist! Zur Gesprochenheit wollen wir hindurch, zum Gesprochenwerden des Worts.

14 »Leibliche Zugehörigkeit« der Psalmen

Aus einem Brief an Franz Rosenzweig (2. August 1922)

Der Gedanke, die Besprechung an Psalmen anzuknüpfen, ist schön und meinem Herzen lieb; hoffentlich gelingt es, über das zu reden, was man doch eigentlich nur sagen kann. Für mich haben *Psalmen* immer die leibliche Zugehörigkeit bewahrt, die sie für meine Kindheit hatten (eine mutterlose Kindheit, aber eine von der – lebenden, nur unzugänglich fernen – Mutter träumende: *entfernt hast du von mir Liebenden und Genossen* [Psalm 88,19]; so daß mich einmal, nachdem ich mich schlimme Jahre lang nicht mit ihnen befaßt hatte, auf einer Gebirgswanderung, nach einer in der Erinnerung geradezu unglaubhaften Gratüberwindung, das *meinen Fuß dem Anstoß* [Psalm 116,8] überkam nicht als ein Gebet sondern als ein – Bericht (das ist noch uneigentlich, aber Sie verstehens gewiß); damals ist mir der 116. [Psalm] aufgegangen, aus dem sich mir noch jetzt die andern fast alle ergeben: faßt er nicht den 22. und den 23. in Einem Geheimnis zusammen?

15 Der herausholende, der anredende Gott

Seinem Gegenstande gemäß hat es dieses Buch im wesentlichen mit Glaubensgeschichte zu schaffen. Nur ist darunter etwas anderes zu verstehen, als was man Religionsgeschichte zu nennen pflegt. Diese letztere befaßt sich mit religiösen Lehren, religiösen Sinnbildern und religiösen Einrichtungen als solchen, hier aber sind sie alle, das theologische, das symbolische und das institutionelle Element, in den gemeinsamen Lebenszusammenhang einer Gemeinschaft eingetaucht. In der Gestaltung des Gesamtlebens dieser Gemeinschaft in all seinen sozialen, politischen und spiritualen Funktionen hat der Glaube, von dem hier gehandelt wird, sich unterfangen, Fleisch zu werden. Von diesem Unterfangen erzählt mein Buch.

Was uns an diesem, am Gotte Moses, so wichtig ist, ist die ihm eigentümliche Verbindung von Eigenschaften und Tätigkeiten. Er ist Herausholer, Führer und Vorkämpfer; Volksfürst, Gesetzgeber und der Entsender großer Botschaft; er handelt auf der Fläche der

Geschichte an den Völkern und zwischen den Völkern; um Volk ist es ihm zu tun, Volk fordert er an, daß es ganz und gar »sein« Volk, ein »heiliges« Volk werde, und das heißt: ein Volk, dessen Gesamtleben durch Gerechtigkeit und Treue geheiligt ist, ein Volk für Gott und für die Welt.

Das alles aber ist er und tut er als erscheinender, anredender und offenbarender Gott. Er ist unsichtbar und »läßt sich sehen«, und zwar in welchem Naturphänomen oder Geschichtsvorgang er sich eben jeweils sehen lassen will; er tut den Menschen, die er beruft, sein Wort kund, und zwar so, daß es in ihnen hervorbricht und sie dem Gotte zum »Munde« werden; er läßt seinen Geist den ergreifen, den er sich erwählt hat, und läßt ihn in diesem und durch ihn das Gotteswerk zeitigen. Daß Mose ihn so wahrnimmt und ihm als einem solchen dient, das ist es, was diesen Mann als lebendig wirkende Kraft in alle Zeiten gestellt hat und so wieder neu in unsere, vielleicht wie keine frühere seiner bedürfende Zeit stellt.

16 Was soll mit den Zehn Geboten geschehen?

(Antwort auf eine Rundfrage)

Sie wollen meine Ansicht darüber hören, was mit den Zehn Geboten anzufangen sei, um ihnen eine Sanktion und eine Gültigkeit zu verschaffen, die sie nicht mehr besitzen.

Ich meine, daß die geschichtliche und gegenwärtige Lage der Zehn Gebote sich aus einer doppelten (von Ihnen bereits, aber nur ihrer negativen Seite nach, angedeuteten) Tatsache erklärt:

1. Die Zehn Gebote stehen nicht in dem personenfreien Kodex eines Menschenverbandes, sondern werden von einem Ich zu einem Du gesprochen – mit dem Ich beginnen sie, und das Du wird in jedem persönlich angeredet: ein Ich also »gebietet«, und einem Du, nämlich jedem, der dieses »Du« hört, »wird geboten«.

2. Das Wort des hier Gebietenden ist mit keiner auf der Ebene der zuverlässigen Kausalität sich auswirkenden Vollstreckungskraft ausgestattet. Es erzwingt sich kein Gehör; wer sich mit diesem Du nicht anreden lassen will, kann anscheinend unbehelligt seinen Geschäften nachgehn. Wenn der Sprecher des Wortes Macht hat (und die Zehn Gebote setzen voraus, daß er Macht genug hatte, um Himmel und Erde zu erschaffen), hat er sich dieser Macht hinreichend begeben, um jeder Menschenperson faktisch freizustellen, sich seiner Stimme aufzutun oder zu verschließen, also ihn selber, das Ich dieses »Ich bin«, zu erwählen oder zu verwerfen. Wer ihn verworfen hat, den trifft kein Blitzschlag; wer ihn erwählt hat, der findet keinen verborgenen Schatz; alles bleibt anscheinend, wie es war. Gott hat offenbar seinem Willen nach keine Orden und keine Zuchthauszellen zu vergeben.

Das ist die Situation des »Glaubens«. Das Hören dessen, was er zu hören gibt, ist nach allen Kriterien der zuverlässigen Kausalität nicht lohnend. Der Glaube ist nicht eine bloße Unternehmung mit einem Risiko, dem die Chance des unermeßlichen Gewinns gegenüberstünde, sondern das Wagnis schlechthin, jenseits der Wahrscheinlichkeitsrechnung. Zumal für jenen ausgepichten Gläubigen, der es mit dem Tod und dessen Danach so hält, daß dies zu seiner Zeit zu erfahren, aber nicht in der Vorstellung – auch nicht in der »religiösen« – vorwegzunehmen sei.

Nun ist die »menschliche Gesellschaft« – das heißt die jeweils lebende Gesamtheit, soweit sie in den von ihr getragenen Einrichtungen einen Gesamtwillen erkennen läßt – von je daran interessiert, daß von den Zehn Geboten, wenn auch nicht die ersten, auf das Verhältnis zu Gott bezüglichen, so doch die übrigen gehalten werden, da es ihrem, der Gesellschaft, Bestande nicht zuträglich wäre, wenn zum Beispiel das Morden aus einem Verbrechen zu einem Laster würde. Das gilt in einem gewissen Maße sogar für das Verbot des Ehebrechens, solange die Gesellschaft nicht etwa ohne die Ehe auskommen zu können meint, was sie bekanntlich noch nie, auch nicht in polyandrer oder polygyner »Primitivität« gekonnt hat, und für das Gebot der Elternehrung, solange der Gesellschaft an einem Zusammenhang zwischen ihren Generationen und an einer geordneten Übernahme der jeweils zu übergebenden Formen und Gehalte gelegen ist, woran, wie wir an Moskau sehen, auch einer von einer »kommunistischen« Zielsetzung her sich aufbauenden Gesellschaft gelegen sein muß.

Und da die Gesellschaft eine ihr so lebenswichtige Angelegenheit begreiflicherweise nicht auf eine so unsichere Grundlage wie die der Glaubensfrage – Hörenwollen oder Gehörverweigern – stellen mag, ist sie von je bestrebt, die ihr erforderlich scheinenden Gebote und Verbote aus dem Bereich der »Religion« in den der »Moral« zu überführen, das heißt aus der Sprache der persönlichen Imperativ-Rede in die der unpersönlichen Soll-Satzung zu übertragen, und sie, statt von dem in seiner Wirksamkeit so problematischen Willen Gottes, von der einigermaßen kontrollierbaren öffentlichen Meinung schützen zu lassen. Da aber auch diese Sicherung noch recht unvollkommen ist, werden die Gebote und Verbote weiter in die Sphäre des »Rechtes« geleitet, das heißt, in die Sprache der Wenn-Festsetzung übertragen: »Wenn einer das und das tut, wird ihm solches und solches getan«, wobei als der Zweck des »solchen und solchen« nicht die Beschränkung der Handlungsfreiheit des Rechtbrechers, sondern seine »Bestrafung« bezeichnet wird – die Gesellschaft will also das mathematisch-übersichtlich regeln, was Gott so zu regeln verschmäht hat, die Relation zwischen dem, was einer anstellt, und dem, was ihm widerfährt. Und nun gibt es endlich auch Vollzugsorgane, die – wenigstens grundsätzlich – präzise Arbeit leisten, Tribunal und Polizei, Kerkerwärter und Henker. Eigentümlicherweise läßt das Ergebnis immer noch zu wünschen übrig, wenn man etwa nach dem statistisch belegten Ausbleiben eines mindernden Einflusses der Todesstrafe auf die Zahl der Morde urteilen darf.

Das alles (was ich hier der größeren Deutlichkeit halber stark vereinfacht dargestellt habe, in der Geschichte nehmen sich die Vorgänge natürlich sehr viel verschlungener und umständlicher aus) ist so lange in Ordnung, als die »Übertragung« nicht beansprucht, eine Übertragung zu sein. Hier ist Plagiat rechtmäßig, Zitat nicht. Wenn die Gesellschaft in ihrer Vermoralisierung und Verjurisierung der Zehn Gebote nur nicht behauptet, daß das Produkt – also das des Ich und des Du beraubte Ich-zu-dir – noch die Zehn Gebote sei, ist gegen ihre Tätigkeit nichts einzuwenden, da ja nicht zu erdenken ist, wie sie anders ihr Dasein fristen könnte. Unberührt von diesem massiven Betrieb bleibt die Situation der menschlichen Kreatur, die sich mitten in einer Begebenheit ihres persönlichen Lebens angeredet, mit Du angeredet erfährt: »Trage nicht SEINEN deines Gottes Namen auf das Wahnhafte« oder »Aussage nicht gegen deinen Genossen als Lügenzeuge«, unberührt die Situation zwischen dem ohnmächtig-allmächtigen Sprecher und dem von ihm Angesprochenen, unberührt die gewagte, katastrophale, erlösende Situation des Glaubens. Wenn aber die Gesellschaft sich unterfinge, ihre stimmlose Moral und ihr gesichtsloses Recht für ebendasselbe, für das Wort, nur zeitgemäß aus dem überholten abergläubigen Drum und Dran hervorgeschält, auszugeben, dann wäre etwas geschehen, was noch nicht geschehen ist; und vielleicht wäre es dann für die Gesellschaft zu spät zu merken, daß es einen gibt, der es sich verbittet, von Bütteln und Henkern bedient zu werden.

Wenn Sie mich nunmehr nicht kurzerhand als einen für »unsere Zeit« Verlorenen aufgeben, mich vielmehr nun erst recht fragen sollten, was denn also mit den Zehn Geboten anzufangen sei, würde ich antworten: das, was ich selber zu meinem Teil versuche: zu ihnen hinzuführen. Nicht zu einer Buchrolle, nicht einmal zu den Steintafeln, auf die sie einst, nachdem sie gesprochen waren, »der Finger Gottes« grub, sondern zu der Gesprochenheit des Wortes.

17 »Der mitgehende Gott«

(Über die hebräischen Bezeichnungen für »Gott«:
Melek oder Malk, dh. König; El (meist im Plural Elohim);
Baal (der kanaanäische Fruchtbarkeitsgott, mit einer Baalath,
dh. als Götterpaar auftretend)

Malk ist wie Baal ein Beziehungsbegriff, wogegen die allgemeinste semitische Bezeichnung eines Numens, El, ein Erscheinungsbegriff ist. Alle drei sind Begriffe, nicht Eigennamen, alle drei haben die Strebung, sich, etwa durch immer engere Verknüpfung mit einem determinativen Wort: Attribut oder Objektgenetiv, zur benannten Individuität zu besondern. Aber El ist die bloße erscheinende Mächtigkeit, die wirkungskräftig, göttlich, endlich personhaft erscheint, Baal und Malk sind persönliche Mächtigkeit im Verhältnis zu etwas, sie deuten darauf, wessen eine Mächtigkeit mächtig ist und in welcher Weise. Eine noch tiefere Verschiedenheit jedoch ist die des

Entstehungsbereichs. El hat seinen Ursprung in der geschichtslos gleichmäßigen Welterfahrung, die beiden andern in einer, die, ob auch urzeitlich, doch schon durch die betonte Einmaligkeit ihrer Ereignisse und das Beteiligtsein der ganzen Stammeseinheit als geschichtsartig gekennzeichnet ist. Im Gang der Überraschungen durch die ihn tausendfältig antretende Gewalt der Naturvorgänge, Dinge und Wesen, in der entsetzten oder verzückten Wahrnahme blitzhaft hervorspringender Energien, aber auch im langen staunenden Anblick eines überhohen Bergs (Psalm 36,7), eines überbreiten Baums (80,11), eines überstarken oder geheimnisvoll gebieterischen Menschen (Ezechiel 31,11), ja sogar in dem immer wieder verwunderlichen glückhaften Eindruck der Kraft der eigenen Hand etwa (Genesis 31,29) erfährt der einzelne naturnahe Semit, daß es Els, daß es El gibt. Aber daß ein El Baal von etwas, daß ein El Malk über jemanden ist, das entdeckt der semitische Stamm in den sein Schicksal wendenden Begebenheiten seiner Urgeschichte. Und das eine von den beiden gattunghaft anders als das zweite.

Eine Schar, ein Stamm, ein Verband von Stämmen zieht aus einer bislang heimatlichen, nun wirtschaftlich oder politisch sich versagenden Landschaft ins Unbekannte. Die geordnete Ausfahrt gerät. Als hätte man alte Wegkunde, schreitet man irrungslos vor: da ist einer, der führt. Eine dämonische Seuche muß am dritten Tag schwinden: da ist einer, der sie bezwingt. Zahlüberlegene feindliche Horden schlägt man in die Flucht: da ist einer, der zuvorderst dreinhaut. Personen, denen es keiner je zugetraut hätte, entfalten im Unvorhersehbaren Weisheit und Heldentum: da ist einer, der beides verleiht. Die Eroberung des Ziellands gelingt Stück um Stück: das hat Malk, der El des Stammes, gewirkt. Malk heißt der *mitgehende* Gott. [...]

Dagegen ist Malk durchaus der Urgott des Stammes. Die urgeschichtliche Handlungsfähigkeit einer biologischen Gruppe betrachtet sich in seiner Gestalt. Er ist aber nicht, wie die französische religionssoziologische Schule dergleichen auffassen will, der personifizierte Geist der Gemeinschaft, sondern er stellt die ihr transzendente, ihr widerfahrende Kraft dar, die sie *ändert*, sie eben vergeschichtlicht: die in plastischer Stunde sie antreibt, das Ungewohnte und Unüberlieferte zu tun, in fehdenüberwindender Zusammenraffung aller Sippen als einiger Stamm, aller Stämme als einiges Volk den ungebahnten Weg ins Land einer Hoffnung oder Verheißung zu ziehen. Er kann mit einem Ahnengeist, einem »Urvater«, verschmelzen, wie er mit einem Baal verschmelzen kann; aber von Haus aus ist er auch kein Ahn, sondern der in der Wende offenbar werdende Führer, in dem der künftige Oberkönig des Reiches sich ansagt – der Geber der Geschichte. Die Semiten finden im eroberten Land lokale Götter, Naturgötter, vor, staunen sie an, bewundern sie, fallen vor ihnen nieder; aber ihre eigenen Götter, die »bei ihnen« sind, die mit ihnen Kommenden, für sie Kämpfenden, sind Götter der tribus, nationale, Geschichtsgötter, »Könige«.

18 »Der Prophet, mit dem König rechtend«

Das Bild, das durch die ganze Königszeit Israels geht: der Prophet mit dem König rechtend, ist weder von allgemein-religiösen Postulaten noch von speziell-historischen Situationen aus zureichend zu verstehen, obgleich beides mitwirkt. Das wesentliche Verständnis gewinnen wir erst, wenn wir die zumeist unausgesprochene und keines Ausspruchs bedürftige *theopolitische Voraussetzung* dieser prophetischen Haltung erkennen: den statthalterlichen Auftrag, den die Könige nicht vollziehen. Die »Richtschnur [Im *gegenwärtigen* Kontext muß das Wort freilich als eine »Gerechtsame« bedeutend verstanden werden.] des Königs«, die mit der Erwählung und Salbung Sauls verknüpft ist und ihn zum Gehorsam seinem ihn beauftragenden und ermächtigenden göttlichen Oberherrn gegenüber verpflichtet, kommt zwar in der Geschichte der Folgezeit nicht mehr vor, aber sie steht gleichsam sinnbildlich am Anfang, und das weitere, sowohl die literarische Kritik des Geschichtsschreibers als die politisch-faktische der Propheten, will von der Grundtatsache aus betrachtet werden, daß dieses Königtum in der Stiftungsstunde konstitutiv an den Gotteswillen gebunden und ihm verantwortlich gesprochen worden ist. Es ist mit Recht gesagt worden, daß keine Ursache besteht, an der geschichtlichen Basis der Auffassung zu zweifeln, wonach »der König als Vollstrecker des Gotteswillens und Samuel als der Künder und Hüter dieses Willens« gilt. Ist dem aber so, so darf auch angenommen werden, daß dieses Grundverhältnis als das fundamentale Prinzip des israelitischen Königtums überhaupt in das Bewußtsein der Männer eingegangen ist, die in der Staatszeit den einst in der Wüste offenbarten unbedingten Anspruch JHWHS auf die Führung der Gemeinschaft, nun also auf die Oberhoheit im Staate vertraten. Daß sie sich lange nicht haben entschließen können, die Bezeichnung melekh auf den Gott anzuwenden, liegt auch daran, daß er ihnen durch ihren profanen Gebrauch in der gewandelten Bedeutung untauglich geworden zu sein scheinen mußte; melekh ist eben jetzt der König in der Königsburg in all seiner Unzulänglichkeit, wie soll man Gott so nennen? Dazu kommt aber, wie gesagt, daß in einem illegitimen heterodoxen Kult im Hinnomtal einem Gott, vorgeblich JHWH selber, als Melekh nach der Weise der nachbarlichen Melekhgötter Kinderopfer dargebracht wurden, bis in später Zeit JHWH sich gegen die Entweihung seines Namens verwahren mußte (Jeremia 32,35). Erst Jesaja stellt in der Stunde der Berufung (6,5) »den Melekh«, den wahren, JHWH der Heerscharen, dem mit Aussatz geschlagenen »Melekh« Usia (V. 1; vgl. 2 Könige 15,5; 2 Chronik 26, 16ff.) gegenüber, als den verratenen und zürnenden Herrn. So ziehen sie, diese zumeist unbeamteten, nur eben berufenen Männer, deren Vollmachtshandlung der Königsalbung dennoch bei allen Dynastiegründern in Israel (mit Ausnahme Omris) berichtet wird und noch in nachexilischer Zeit fortwirkt (Nehemia 6,6f.), die unbotmäßigen Statthalter auf dem Thron zur Rechenschaft. Nacheinander wiederholen Samuel zu Saul (1 Samuel 15,17), Nathan zu David (2 Samuel 12,7), Ahia zu Jerobeam (1 Könige 14,7) das Gotteswort: »Ich habe dich zum Melekh gesalbt« oder »Ich habe dich zum Nagid gemacht«. Vierhundert Jahre lang tritt einer nach dem andern vor den Fürsten und hält ihm den gebrochenen Bund vor, bis Jeremia, kurz vor der Katastrophe, das ungerechte und daher unrechtmäßig gewordene Königshaus dem Untergang weiht (Jeremia 22,6ff.). Was hier als der Sinn jener Königsbindung an den den Auftrag erteilenden und hierzu Macht verleihenden göttlichen Oberherrn erscheint, das ist bereits lange zuvor in einem höchst denkwürdigen Dokument ausgesprochen, an dessen Altertümlichkeit zu zweifeln der keineswegs archaisierende, sondern echt archaische Stilcharakter nicht erlauben sollte, den sogenannten letzten Worten Davids (2 Samuel 23,1-7). Aus dem »Gesalbten« des Gottes redet »die Ruach JHWHS«. »Der Gott Israels spricht: / ›Mir ist‹ – der Fels Israels ist's, der redet – ›ein Walter über Menschheit, bewährt, / ein Walter in Gottes Furcht, / und wie Morgenlicht strahlt es auf, / Sonne er eines Morgens, / da vor Glanze nicht Nebeldunst blieb.‹« »Mir ist …«, sagt der Gott Israels: solch einen Herrscher »hat« er, er hat ihn im Sinn. [Lagarde hat in seiner Psalmenvorlesung erklärt, wenn irgend etwas, so sei dieser Liedspruch David zuzuschreiben.] Hier bricht die messianische Konzeption aus ihrer geschichtlichen Hülle.

David hat die Lade, die Samuel nicht heimholen wollte, »in Freuden« nach Jerusalem gebracht (6,12). Damit aber waren nicht nur die Irrfahrten der Lade, sondern auch ihre Führung zu Ende. Kurz vorher hatte er ohne die Lade die Führung unmittelbar erfahren: JHWH hatte ihm, jenen Spruch der Debora an Barak wiederholend, angesagt (5,24), er wolle, durch die Wipfel der Balsambäume rauschend, gegen die Philister vor ihm her ausfahren (jaza JHWH l'phanekha). Nun, da ihm JHWH »Ruhe geschafft hat von all seinen Feinden ringsum« (7,1), ist die Führung zu Ende. Kriege gibt es wohl noch, aber von der Führung hören wir nichts mehr, »der Krieg JHWHS«, das »für Israel Kämpfen«, das mit dem Auszug begann (Exodus 14,14.25) und in den Schlachten der Landnahme als kosmische Tat empfunden wurde (Josua 10,14; Richter 5,20), ist nun, mit der Sicherung des verheißenen Landes, zu Ende; erst in ferner Zukunft, im Zeitalter des Neubeginns nach der Heimkehr aus dem Exil, vernehmen wir noch ein letztes Mal (Nehemia 4,14) das urzeitliche Wort. In der Botschaft, die JHWH nach der Heimbringung der Lade David durch Nathan den Nabi sendet, gedenkt er (2 Samuel 7,6) der Zeit, als er bei dem Volke »da war (ehjeh), miteinhergehend in Zelt und Wohnstatt«. Er erinnert ihn daran (V. 8), wie er ihn – auch ihn, wie vormals den Mose, wie nachmals den Amos – »von hinter den Schafen fortnahm«, damit er Nagid über sein, JHWHS, Volk, über Israel werde, und wie er seither (V. 9) »bei ihm da war«, wohin immer er ging; nun aber habe er Israel »eingepflanzt« (V. 10), nun könne es nicht mehr wie zur Zeit, da er Richter über es entbot, bedrückt werden, nun habe er David »Ruhe geschafft« (V. 11) und wolle ihm nun »ein Haus machen«.

Das ist die Rede, auf die als auf einen Bundesschluß auf ewig jene »letzten Worte« Bezug nehmen (23,5). Sich selbst kann er mit jenem »gerechten Herrscher« nicht meinen, ihn kann der Verfasser der Worte damit nicht gemeint haben. Die »Ruhe« ist da und das »Haus« ist da, aber es fehlt jenes Königtum der Gerechtigkeit, wie es in dem kleinen Fürstenspiegel beschrieben wird, der mit der Überschrift »An Salomo« oder »Des Salomo« unter die Psalmen (72) geraten ist. Von der Königsbindung ist in der Geschichte Salomos – zum Unterschied von David, der Rede stand und bereute – nichts mehr zu merken. Sie endet damit, daß JHWH erst ihm einen »Widersacher« nach dem andern »erstehen läßt« (1 Könige 11, 14.23) und dann (V. 29ff.) einen Propheten aussendet, um den Rebellen zu ermächtigen, der das Reich Israel entzweireißen wird. Durch ihre Aneinanderreihung und Darstellung der Begebenheiten äußert die Erzählung alle Kritik, die geäußert werden sollte.

19 »Entwürfe des dialogischen Menschen«

Die Geschichte der Könige ist die Geschichte des Nichtverwirklichens der Salbung durch die Gesalbten. Daraus allein ist die Entstehung des Messianismus, der Glaube an den Gesalbten, der die Salbung erfüllen wird, zu erfassen.

Nun aber, in dieser Situation des versagenden Königtums ersteht der neue, der in der biblischen Geschichte letzte Führertypus, der »geschichtswidrigste« von allen, der Prophet, eingesetzt gegen den König, gegen die Macht, mehr noch, gegen die Geschichte, gegen das, was das Volk sein geschichtliches Leben nennt. Wenn Gott zu Jeremia sagt: »Ich gebe dich zur ehernen Mauer wider all das

Land«, so ist es in Wirklichkeit so: der Prophet steht nicht bloß gegen die Machthaber, sondern gegen das Volk selbst. Der Prophet ist der Mensch, der, wie er gegen seine eigenen natürlichen Instinkte, die ihn an die Gemeinschaft binden, gestellt ist, sich gegen das So-weiter-leben-wollen des Volkes stellt, das für das Volk ganz natürlich mit dem Weiterlebenwollen überhaupt identisch ist. Die Leidenserfahrungen des Propheten, der ebenso natürlicherweise nicht bloß von den Machthabern, sondern auch vom Volk als dessen Feind behandelt wird, wie es solch einem Menschen nun einmal geschichtlich zukommt, sammeln sich dann in dem Bild des Knechtes Gottes, seines Leidens und Sterbens um der Intention Gottes willen, einem Bild, unter dessen Schatten wohl auch Jesus gestanden hat.

Wenn nun die Bibel über diese tatsächlichen Erscheinungsformen des Führertums hinausblickt in eine, die nicht mehr in der Zerrissenheit, nicht mehr im Versagen steht, wenn sie die Konzeption des messianischen Führers gestaltet, meint sie damit nichts anderes, als daß endlich die Antwort erfolge, daß aus dem Menschentum selbst das Wort, das mit dem Wesen gesprochene Wort komme, das dem Wort Gottes erwidert. Es ist eine irdische Erfüllung, die ersehnt wird, eine Erfüllung auf dieser Erde, eine Erfüllung in und mit dieser Menschheit. Eben dies aber ist die Erfüllung, nach der die Hand Gottes mitten durch das von ihm Erschaffene, durch Natur und Geschichte vorstößt. Das meint der messianische Glaube, der Glaube an den erfüllenden Führer, an das Zurechtkommen des Zwiegesprächs, an das Ende der Enttäuschungen Gottes. Und wenn ein apokryphes Evangelienfragment Gott zu Jesus sagen läßt: »In allen Propheten habe ich dich erwartet, auf daß du kommest und ich in dir ruhe, denn du bist meine Ruhe«, dürfen wir darin eine späte Ausgestaltung jener Konzeption erblicken.

Der biblischen Frage nach dem Führertum geht es um Größeres als um sittliche Vollkommenheit. Die biblischen Führer sind Entwürfe des dialogischen Menschen, des Menschen, der mit seinem Wesen im Zwiegespräch Gottes mit der Welt steht und diesem Zwiegespräch standhält. Von diesem Zwiegespräch ist das Leben der Menschen, auf die ich hingewiesen habe, erfüllt, ob es nun Intervention ist, wie das Gespräch Abrahams mit Gott um Sodom oder Moses mit Gott nach der Sünde des Volkes am goldenen Kalb, oder ob es die mit Ergebung endende Wehr des Menschen gegen das ihm Entgegendringende, das ihn bezwingen will, ist, wie wir es von Mose bis zu Jeremia dokumentiert finden, oder ob es das Ringen um Sinn und Aufgabe ist, wie wir es aus jener Unterredung Davids mit Gott kennen – in allen Arten erfolgt immer wieder ein Eintreten des Menschen in den Dialog; ein unvollkommenes Eintreten, das sich aber eben doch nicht entzieht, eben doch in der Welt des Dialogs auszuharren sich anschickt. Alles Geschehen wird hier als Dialog erfaßt: was dem Menschen widerfährt, als Zeichen, was der Mensch zu tun versucht und was ihm je und je mißrät, als Versuch und Verfehlen einer Antwort, als das stammelnde Versuchen der Verantwortung, so gut man eben vermag.

Weil es so ist, bedeutet das biblische Führertum immer ein Geführtsein. Diese Menschen sind insofern Führer, als sie sich führen lassen, das heißt: als sie das ihnen Zugereichte annehmen, das ihnen Anvertraute verantworten, das ihnen Aufgetragene nun von sich aus, mit der Spontaneität ihres Wesens, in der »Autonomie« ihrer Person verwirklichen.

Von da aus können wir uns den Lebensgang dieser Führer verdeutlichen. Fast immer sehen wir eine Herausholung des Menschen aus der Gemeinschaft. Der Mensch wird von Gott aus der Gemeinschaft gehoben, von seinen natürlichen Zusammenhängen abgeschnitten, von Abraham bis Jeremia muß er fort aus dem Land, in dem er eingewachsen war, hinüber, dahin, wo er den Namen Gottes auszurufen hat, gleichviel, ob das nun eine räumliche Wanderschaft ist wie die Abrahams oder mitten im Volk ein Einsamwerden wie das der Propheten. Es ist immer eine tiefe und von Stadium zu Stadium, von Situation zu Situation sich vertiefende Problematik in dem Verhältnis dieser Menschen zur Gemeinschaft. Sie sind entweder aus ihrer natürlichen Gemeinschaft gehoben oder sind wider ihre natürliche Gemeinschaft gesetzt, sie kämpfen mit ihr, sie erfahren den Gegensatz, den Widerspruch des Lebendigen, den Widerspruch der menschlichen Existenz an dieser Gemeinschaft, von ihr aus. Das steigert sich zum Äußersten eben am Propheten. Das große prophetische Leid, dessen Zeugnis uns von einem einzigen, von Jeremia, in einer kleinen Zahl im höchsten Sinn autobiographischer Sprüche bewahrt worden ist, ist die letzte Form dieser Problematik.

Aber diese immer wachsende Spannung zwischen Führer und Gemeinschaft, die immer tiefere Verdunklung des Führers, die immer größere Erfolglosigkeit, die immer größere Geschichtswidrigkeit des Führers im Sinn der uns geläufigen Geschichte, das bedeutet, vom biblischen Aspekt aus gesehen, zugleich die wachsende Überwindung der Geschichte. Von dem biblischen Aspekt aus ist das, was wir Geschichte zu nennen gewohnt sind, nur die Außenseite der Wirklichkeit. Sie ist das große Versagen, nicht das Versagen im Dialog, wie wir es von biblischen Menschen her kennen, sondern das sich dem Dialog Versagen, das in den Dialog nicht Eintreten; dieses Sich-Versagen ist sanktioniert in der großartigen Sanktionsform der sogenannten Weltgeschichte. Der biblische Aspekt verwirft diese Flächenwirklichkeit immer gewaltiger, am gewaltigsten in der Prophetie; er verkündigt, daß der Weg, der wirkliche Weg von der Schöpfung zum Reich, nicht auf der Fläche der Erfolge, sondern in der Tiefe der Erfolglosigkeit gegangen wird. Das wirkliche Werk vom biblischen Aspekt aus ist das spätverzeichnete, das unverzeichnete, das anonyme Werk. Es wird im Schatten, im Köcher [Nach Jes 49,2, L.W.] getan. Die offizielle Führung versagt mehr und mehr, die Führung fällt mehr und mehr dem Geheimnis zu. Der Weg geht über das Werk, das von der Geschichte nicht registriert wird und nicht registriert werden kann, das nicht dem Wirkenden zugeschrieben wird, sondern irgendeinmal in spätem Geschlecht als getan auftaucht ohne einen Namen, das heimliche Wirken des heimlichen Führertums. Und wenn der biblische Schreiber den Ausblick tut auf die messianische, endgültige Überwindung der »Weltgeschichte«, sieht er, wie die äußere Geschichte versinkt, vielmehr, wie beide, die Außengeschichte und die Innengeschichte, miteinander verschmelzen, wie das Geheimnis, zu dem das Führertum geworden war, aus dem Dunkel hervortritt und die Flächen der Geschichte überleuchtet. […]

20 Weisheit und Tat der Frauen

In der biblischen Geschichte von König David treten episodisch zwei Frauen auf, namenlos, nur durch die Namen ihrer Heimatstädte bezeichnet, jede eigentlich nur die Sprecherin einer Rede, die eine einer längeren, die andere einer ganz kurzen, beide keine »Personen« in dem großen Schicksal, das uns erzählt wird, und doch beide von hoher, zugleich persönlicher und überpersönlicher, von repräsentativer Bedeutung. Von den drei weiblichen Gestalten dieser Geschichte, die vor ihnen an uns vorübergezogen sind, hat die erste, Michal, die Lippen kaum zu anderm geöffnet, als um David in der

Stunde der heiligen Entfesselung zu verspotten, die dritte, Bathseba, ist stumm geblieben wie irgendein orientalisches Gefühlsobjekt, nur bei Abigail hören wir eine Seele lautwerden, wo sie den künftigen König abhält, »in Blutschuld zu kommen und mit seiner eignen Hand sich zu befreien«, aber auch dieser Seelenlaut klingt nicht ganz rein (»wirst du deiner Magd gedenken«). Nun aber erscheinen die zwei Namenlosen und reden, echte Frauenrede, unsterbliche.

Absalom, der seinen Bruder hat töten lassen, weilt nun schon drei Jahre im Exil. Der Feldherr Joab merkt, daß Davids Zorn nicht mehr unerbittlich ist; er will ihn zum Entschluß bewegen, dem Sohn die Heimkehr zu gestatten. Aber er weiß, daß er selber das nicht vermag: das Herz des Königs ist ihm, wenn es ihm je vertraut war, längst entfremdet. Er läßt daher »eine weise Frau« aus Tekoa holen und gibt ihr die Rolle auf, die sie David vorspielen soll. Sie entledigt sich ihrer Aufgabe, erzählt in volkstümlich aufgeregter Sprache die Fabel von ihrem Sohn, der im Raufhandel den Bruder getötet habe und nach dem nun der Bluträcher fahnde; sie ruft den Beistand des Königs an. Der sichert ihr eidlich zu, ihrem Sohn dürfe nichts geschehen. In diesem Augenblick verwandelt sich die Frau. Wir sehen, was die biblische Erzählung uns im bloßen Dialog zu sehen gibt: sie reckt sich aus der gebückten Haltung zu ihrer Höhe auf, schüttelt vorschreitend all das Plärren und Händewerfen ab, tritt dicht vor den König und spricht nun, streng und gelassen, Menschenantlitz zu Menschenantlitz, ihre, nicht mehr Joabs, unmittelbaren Worte (2 Samuel 14,13):

Warum also planst du dergleichen wider Gottes Volk?!
ist ja der König, seit er diese Rede geredet hat, einem Schuldigen gleich
geworden,
weil der König selbst seinen Verstoßnen ohne Wiederkehr läßt!

Seltsame Worte aus vorderasiatischem Untertanenmund, die den König durch den eignen Spruch schuldig gesprochen heißen, weil er in seiner eigenen Sache verkennt, daß auch hier Gnade das wahre Recht ist: es geht um das Recht des Volkes auf seinen »Erben«, dessen es beraubt ist – mit ihm, mit dem Volk Gottes, identifiziert sich die Frau, für sein Recht tritt sie dem König gegenüber ein: Warum planst du *dergleichen?* Sie stellt ihn dem Bluträcher gleich, der das allgemeine Recht, das Recht der *Institution*, für sich hat, nicht aber das besondere Recht, das Recht der *Situation*.

Aber geht es wirklich nur um das Recht des Volkes auf seinen Dynasten? Der – biblisch äußerst seltene – Ausdruck *Gottes* Volk« führt darüber hinaus. In derselben Form kommt er nur noch einmal vor: wo im Buch der Richter das ganze Volk zusammentritt, um die an Sodom gemahnende Untat der Benjaminiten zu ahnden; der Ausdruck trägt hier das Pathos: »Gott kann dies nicht ungesühnt lassen wollen!« Das Pathos, das er an unserer Stelle trägt, ist ein entgegengesetztes. Die Frau schickt sich nun an, es auszusprechen. Aber noch einmal ändert sich vor unsern Augen ihre Haltung, in unsern Ohren Stimme und Tonfall der Rede. Eben noch war sie die auch dem König gegenüber unbefangene Menschenperson, die sich nicht scheut, den Herrscher zu rügen und zu unterweisen. Nun aber fällt auch das Persönliche von ihr ab. Gefäß der Botschaft wie eine Künderin, und doch in dieser Abgelöstheit mütterlicher als zuvor, urmütterlich, nicht mehr mit eigenen, aber erst recht nicht mit eingeblasenen Worten – in uraltem, durch die Geschlechter der Frauen hin überliefertem Spruch, in einem Urfrauenspruch, Urmütterspruch, sagt sie ihre wahre Begründung, ihr »Denn«:

Denn:
Sterben Sterbliche wir,

ist's wie Wasser, zur Erde verronnen,
das nicht aufzusammeln ist,
aber trug Gott eine Seele nicht hinweg,
plant er Planungen noch,
auch den Verstoßnen unverstoßen zu lassen vor ihm.

Solange, sagt der Spruch, Gott einem eines Vergehens wegen von den Menschen verstoßenen Menschen noch nicht den Tod zugeteilt hat, solange dieser Mensch noch Wege und Entscheidungen des Lebens vor sich hat, kümmert er, Gott selber, sich um diesen Menschen, kümmert sich darum, den von Gesetz und Gesellschaft Verstoßenen im Angesicht der göttlichen Gnade zu belassen. Der Spruch setzt die göttliche Weise der des Königs entgegen, in so mächtiger worthafter Entsprechung, daß unanzweifelbar die vorangehende Rüge als Einleitung zu diesem Spruch konzipiert erscheint: Warum planst du dergleichen wider Gottes Volk? Gott selber plant andere Planungen! Du läßt den von dir Verstoßenen ohne Wiederkehr – Gott will, daß der von allen Verstoßene vor ihm unverstoßen bleibe!

Das »Denn«, mit dem die Frau von Tekoa zu diesem Spruch einsetzt, die wahre Begründung ihres Anrufs ist das Urgebot der Nachahmung Gottes, der Erfüllung unserer Ebenbildlichkeit: durch die Werke der Gnade.

Die Frau hat ihren Anruf an die Königsseele und ihren Spruch der Begründung gesprochen, um deren willen sie aus ihrer Rolle – nicht gefallen, sondern herrlich gestiegen war. Nun wirft sie sich in Haltung und Rede in die Rolle, in die Fabel, in die volkstümliche Aufgeregtheit, das Plärren und Händewerfen zurück. Man lese – selbstverständlich laut – nach, wie die Bibel diesen unerhörten Rückschwung rhythmisch verdeutlicht.

Die andere Episode begibt sich während des Aufruhrversuchs Sebas Sohns Bikhris. Nach einem anfänglichen Erfolg hat er sich nun mit einer kleinen Schar in die Stadt Abel Beth Maakha zurückziehen müssen. Joab belagert die Stadt mit überlegenen Mitteln. Da ruft »eine weise Frau« aus der Stadt die Belagerer an und verlangt mit dem Feldherrn zu reden. Wie er vor ihr steht, spricht sie kurz und bedeutsam zu ihm. »Diese Stadt Abel«, besagt ihre Rede, »die du vernichten willst, das ist die, von der es seit jeher spruchweis heißt: ›Frage erfragt man in Abel‹, denn an sie wandte man sich von je überallher, insbesondre in Streitfragen, um Rat und Entscheidung, und man erhielt stets den rechten Rat; und wie einem hier geraten wurde, ›so schlichtete man‹, denn hier ist alte Wissensüberlieferung, alte Erfahrungsweisheit zu Hause.« Und nun wechselt die Frau den Ton. Ein großes, emphatisches »Ich« setzt sie Joab entgegen (2 Samuel 20,19):

> Ich,
> das sind Friedenserfahrene, Treuebewahrende von Israel,
> du
> trachtest zu töten eine Stadt: eine Mutter in Israel —
> warum willst du SEIN Eigen verschlingen?!

Die Gegenüberstellung von »ich« und »du« ist im Original noch stärker. Aber was ist das für ein Ich, das die Frau mit einer Vielheit von Menschen in Israel identifiziert, wie sich die von Tekoa mit Gottes Volk identifizierte? Sie hatte von ihrer Vaterstadt als von der Heimat erfahrener Leute gesprochen, und »erfahrene Leute«, das bedeutet für sie: die in langem ungestörten Frieden mit ihrem Volk Erfahrungen sammeln und zu einem Schatz ordnen konnten, aus dem man immer wieder für sich und andere Rat zu schöpfen vermag; und Frieden halten, das heißt für sie: Treue halten, das ist das Gegenteil von Aufruhr und Bürgerkrieg. Ist es also ihre Stadt, für die sie solcherweise spricht? Doch wohl noch mehr. Sie steht hier für alle Friedenliebenden, Treuehaltenden, Erfahrunghegenden, Zusammenhangwahrenden *von Israel*, für sie alle steht sie da und sagt: Ich. Sagt es zu dem alten Raufdegen, der eben wieder einen gefährlichen Rivalen ermordet hat und nun daherkommt, um eine solche, eine so weise und treue, so *mütterliche* Stadt zu »töten«; die Frau sagt eben dies, indem sie zu Joab »du« sagt: Das hier bin ich, das sind wir, das ist das stille Kernwachstum des Gottesvolks – und das dort bist du, du Verschlinger!

Und Joab beugt sich.

Noch einmal nach diesem Abschnitt, im nächstfolgenden Kapitel, erzählt die biblische Davidsgeschichte von einer Frau. Die redet nicht, sie schweigt und tut; aber es ist Einheit zwischen ihrem Tun und der Rede jener beiden.

Außerhalb der chronologischen Abfolge wird in dem ersten der vier Kapitel, die eine Nachlese zum Samuelbuch bilden, berichtet, wie David in einer Zeit der Dürre, um Gottes Zorn zu besänftigen, einige Sauliden wegen einer Blutschuld ihres Hauses an den Gibonitern diesen ausliefert und wie die Giboniter sie auf einem heiligen Berg hinrichten. Die Leichen bleiben auf dem Berg. *Aber die Dürre hört nicht auf.* Indes hat die Mutter zweier der Toten, Rizpa, eine Nebenfrau König Sauls, etwas getan (2 Samuel 21,10):

Da nahm Rizpa Tochter Ajas die Sackleinwand
und spannte sie sich über dem Fels auf, vom Erntebeginn an:
bis daß Wasser vom Himmel auf sie niederflösse, –
sie gab nicht zu,
daß der Vogel des Himmels auf ihnen ruhte bei Tag
noch das Wild des Feldes bei Nacht.

So harrt sie auf dem Felsen aus. David erfährt, »was Rizpa getan hat«. Er läßt nicht bloß die Leichen begraben, sondern auch die Gebeine Sauls und Jonathans aus der vorläufigen Verwahrung, in der sie sich noch immer befanden, in die Sippengruft überführen. Und nun erst heißt es:

Als sie alles getan hatten, was der König gebot,
danach ließ Gott sich dem Lande erflehn.

Nun erst hört die Dürre auf. Nicht durch die Blutrache der Giboniter, sondern durch die Tat Rizpas, die bei den Leichen auf dem Felsen saß, und durch die von ihr bewirkte posthume Versöhnung zwischen dem Haus Sauls und dem Haus Davids läßt Gott sich versöhnen.

Auch die Juden wissen um die ewige Antigone. Auf ihre, jüdische Art.

21 Geschehende Geschichte

Unter all den Arten, Geschichte – auch die, die jeweils um einen und an einem geschieht – zu betrachten, sind zwei in besonderer Weise dadurch bedeutsam, daß sie die Geschichte religiös anschauen, sie in die Gesamtwirklichkeit des Glaubens hereinnehmen. Ist dies den beiden gemeinsam, so sind sie in allem übrigen gegensätzlich. Die eine ist herrschend und herrisch, auch die durchaus profan gesinnten Historiker leben, zumeist ohne es zu wissen, von ihrer Fülle, sie führt das große Siegel, durch das gekennzeichnet wird, was als Geschichte zu gelten hat. Die andre ist ein Aschenbrödel;

nur wenige, kindliche Gemüter halten Umgang mit ihr; zuweilen erblickt auch ein Theologe sie und verwundert sich, aber es wird ihm leicht werden, sie zu vergessen. Wir mögen sie die von oben und die von unten nennen.

Die Betrachtung »von oben« war von je unter den Völkern verbreitet, die »von unten« ist die Israels; das Christentum ist der geschichtliche Ort ihrer Verhandlung.

Für die Betrachtung »von oben« ist die Geschichte ein Handeln Gottes durch die Menschen. Da Gott die Allmacht ist, besteht sein Geschichtshandeln, das sich durch die Menschen vollzieht, darin, daß er Menschen Macht verleiht. Diese Menschen, die »Geschichte machen«, erkämpfen sich die Macht, behaupten sie, üben sie aus. Ihre Macht ist von Gott ermächtigt, ist »Vollmacht«.

Für die Betrachtung »von unten« ist die Geschichte ein Handeln zwischen Gott und den Menschen, ein Dialog des Handelns. Gott, der die Allmacht ist, hat in der Schöpfung seinem Geschöpf eine Eigenmächtigkeit zugeteilt, vermöge deren es sowohl auf ihn zu als von ihm ab, sowohl für als wider ihn handeln kann. Geschichte ist, was zwischen Gott und seinem von ihm eingesetzten selbständigen Gesprächspartner geschieht. Der mächtige Mensch steht genau ebenso im Geschichtsdialog wie der machtarme.

Für die Betrachtung »von oben« ist die Geschichte aus Erfolgen zusammengefügt, und hinter jedem Erfolg steht Gott selber. Aus dem Erfolg, den einer hat, ergibt sich, daß er ermächtigt und gesegnet ist. Wer keinen hat, ist ersichtlich von Gott verleugnet. Geschichte, das ist die Reihe der Macht-Erringungen durch die Ermächtigten und ihrer Sieg-Ausnutzungen; die Besiegten, die Unmächtigen sind nur Folie. Wo gesiegt wird, ist göttliche Entscheidung, ist Gott; Erfolge sind Offenbarungen.

Für die Betrachtung »von unten« ist der Erfolg kein Merkmal

einer letzten Unterscheidung. Einer kann etwa, weil ihn keine innere Hemmung an der Beseitigung eines andern hindert, zur Macht gelangen; aber ist Hamlets Stiefvater deshalb wirklich schon geschichtswürdiger als Hamlet? Wenn Geschichte aus Zwiegesprächen zwischen Gottheit und Menschheit besteht, dann mag es oft geschehen, daß der sich nicht »Durchsetzende« die rechtmäßigere Antwort gibt und in der Verborgenheit eine unscheinbare, unerkannt bleibende Bestätigung empfängt. Und wenn Gott sich auch etwelcher Mächtigen bedient, um sein Werk, mit dem er die Menschen anredet, auszurichten: den Pfeilen, die er verschießt, sind jene nicht unebenbürtig, die er, blank und kräftig wie sie sind, im Dunkel seines Köchers ruhen läßt. Tun sie da, im Dunkel verharrend, nicht Gottes Werk, das geheimnisvolle, das noch andre und andersartige Taten kennt, als die in der Öffentlichkeit geschehen und von ihr beglaubigt werden? Hier ist einer, der Macht ausübt; und da ist einer, der diese Machtausübung erleidet; wie, wenn er eben dies um Gottes willen leidet? Gibt es nicht ein Leiden, das von Gott *geliebt* wird? Ja, heißt es nicht, daß seiner Schekhina, seiner »Einwohnung« selber, die durch die Geschichte wandelt, das Dunkel und das Leid des Exils widerfährt? Gottes Geschichtsweg ist nicht überschaubar wie das Geschichtlein der Geschichtsschreiber. Nicht die All-Macht bloß, auch das All-Leid ist Gottes.

Der Betrachtung »von oben« gilt die autoritäre Macht als von Gott eingesetzt. Wohl wird immer wieder, von Babylon bis ins abendländische Mittelalter und seine Ausläufer, verkündigt, daß der Herrscher nicht nur in der Gnade Gottes, sondern auch in der Verantwortung zu ihm stehe, daß also die Gnade nicht bedingungslos, nicht unverwirkbar gespendet sei. Aber mit wie starken Farben wird die Gnade, mit wie blassen die Verantwortung ausgemalt, wie ganz anders weiß die Historie mit jener als mit dieser Ernst zu machen! Wohl kennt die Geschichtsvorstellung des griechischen und nachgriechischen Zeitalters das Bild der Hybris, in der der Mächtige eine ihm gesetzte Schranke überschreitet und daran untergeht; aber wie sehr wird hier vom offenkundigen Zusammenbruch, vom abschließenden Mißerfolg aus geurteilt, wogegen all die Hybris unbeachtet bleibt, die in der offenkundigen Geschichte nicht geahndet worden ist!

Auch der Betrachtung »von unten« gilt die autoritäre Macht als von Gott eingesetzt, aber zugleich als ihrer eigenen Problematik ausgesetzt. »Verantwortung« ist hier kein genehmer, geläufiger Begriff; sie ist in der furchtbaren Tatsächlichkeit ihres höchsten Ernstes gefaßt: die Macht, die einem verliehen wurde, ist ein Anspruch Gottes an ihn, auf den er mit seinem Tun und Lassen zu antworten hat, und die Macht ist nur so weit von Gott ermächtigt, als sie vom Menschen verantwortet wird. Macht wird nicht geschenkt, sie wird in Wahrheit verliehen, sie ist ein Lehen, das entzogen werden kann, wenn es nicht dem Auftrag gemäß verwaltet worden ist; und wird es gleichwohl nicht entzogen, dann wird die Macht in sich verwirrt und wider sich erregt, das Wehen des Machtgeistes von der Allmacht her verkehrt sich zu jenem »bösen Geisten von JHWH her«, das Sauls späteres Leben zersetzt. Auch die großen Gewaltherren, die jesajanisch (10,5) »Stecken seines Zorns« heißen, werden, wenn sie über ihren Werkzeugsberuf hinaus sich vermessen (10,13ff.), wie ein Stecken zerschlagen; und wo die Geschichte die Strafe nicht wie bei Sanherib in der Öffentlichkeit sich vollziehen läßt, weiß die Geschichtssage zu erzählen, wie Nebukadnezar, des Menschenverstands beraubt, mit den Tieren des Feldes Gras frißt. Gott führt seinen Dialog mit dem Geschöpf, das von ihm Mächtigkeit von Natur und Macht von Gnaden empfangen hat, und es hat ihm Rede zu stehen, ob es Mächtigkeit und Macht seinem an es ergangenen

Gebot gemäß verwendet habe; aber er führt auch seinen Dialog mit jenem anderen Geschöpf, das den Mißbrauch der Macht erduldet, er nimmt dessen Aufschrei an und steht selber ihm anstatt des Machthabers Rede. Gott verweilt nicht »oben« wie eine Sonne, die die heitere Stirn des Mächtigen umglänzt; »hoch und heilig wohne ich – *und* bei dem Zermalmten und Geisterniedergeten« (Jesaja 57,15). Wenn Sara ihre Magd Hagar »drückt«, wirft er sich in der Gestalt seines Boten nach unten, begegnet auf gleicher Ebene der Umherirrenden und befiehlt ihr, sich unter die Hände der Herrin zu »drücken«, dem »Druck« also, den Gott »vernommen« hat, nicht auszuweichen, sondern ihn getrost und der Verheißung gewiß zu ertragen. Gott ist somit nicht ein ruhendes »Oben«, von dem die unbekümmerten Oberen ihre Autorität fortlaufend geliefert bekommen; wenn sie, dem Auftrag zuwider, die ihrer Macht anvertraute Kreatur bedrücken und sie am Boden liegt, ist Gott nicht mehr oben zu finden, sondern da unten, am Boden bei ihr. Denn »nah ist JHWH denen gebrochenen Herzens« (Psalm 34,19). Die Betrachtung »von oben«, die die Geschichte von Gott her zu fassen meint als dem, der den Geschichtsmächtigen ihre Macht verleiht, wird zu einer Betrachtung von unten, wann sie die Untreue der Mächtigen übersieht. Die Betrachtung »von unten«, die sich bescheidet, die Geschichte von der Menschennot aus zu fassen, wird zu einer Betrachtung von oben, wann sie der Treue Gottes begegnet, der den Leidenden so die Treue hält, daß er, selber in seiner »Einwohnung«, All-Leid erfahrend, den Weg durch die Geschichte geht.

Bedeutet dies aber, daß wir in unserer Betrachtung »von unten« die Möglichkeit besäßen, jeweils des »objektiven« Sinns der geschehenden Geschichte innezuwerden, ihn zu erkennen und kenntlich zu machen, Urteil über das Geschehen zu sprechen, zwischen Gottgemäßem und Widergöttlichem zu scheiden? Das bedeutet es nicht. Wir besitzen zu dergleichen keinerlei Möglichkeit.

Ist Geschichte ein Dialog zwischen Gottheit und Menschheit, dann können wir ihres Sinns jeweils nur da innewerden, wo *uns* die Anrede trifft, und nur insofern, als wir uns von ihr treffen lassen. Es ist uns also schlechthin verweigert, von der geschehenden Geschichte rechtmäßig zu denken: »Dies und dies ist ihr Sinn« oder »Das da an ihr entspricht, das dort widerspricht dem von Gott Gemeinten«; aber es ist uns gewährt, von ihr zu wissen: »So und so fordert sie mich an, dies ist ihr Anspruch an mich, dies also ihr Sinn für mich.« Dieser Sinn ist jedoch nicht ein »subjektiver«, er ist nicht aus meinem Gefühl oder meiner Reflexion entstanden und in die Dinge verlegt, sondern es ist der Sinn, den ich in der Wirklichkeit verspüre, erfahre, höre. Der Sinn der Geschichte ist nicht eine Idee, die ich unabhängig von meinem persönlichen Leben formulieren kann, mit meinem persönlichen Leben allein vermag ich ihn aufzufangen, denn es ist ein dialogischer Sinn.

22 Der Weg des Knechtes

(Die Gottesknechtslieder bei Deutero-Jesaja)

Drei Stadien umgreift dieser Weg. Das erste ist das prophetische. In der Vergeblichkeit der Mühe des israelitischen Propheten um Israel sieht er sich als den Pfeil, der im Köcher steckenzubleiben verurteilt ist; da wird ihm aber verheißen, daß ihm noch ein weit über Israel hinausreichendes Werk vorbehalten ist, zu dem alles, was er jetzt tut und leidet, eine Bereitung bedeutet. Er weiß nicht, wann und wie er dazu kommen wird; aber da Gott ihm ein ungeheures Leid als Last anbietet, nimmt er, der Leidensgewohnte und Leidenswillige, sie auf sich, ohne viel zu fragen, da er doch das eine weiß, daß er sie um Gottes willen zu tragen hat. Das zweite Stadium ist das Tun des Leidens. Indem der Knecht das Leid, das er zu leiden hat, nicht bloß erduldet, sondern gleichsam vollzieht, wird es zur Tat. Hiob hatte erkannt, daß das Leid ein Geheimnis Gottes ist, der Psalmist, daß Gott die willig Leidenden liebt; der Knecht JHWHS erkennt das Geheimnis des Leidens darin, daß es ein Leiden um Gottes und seines »Begehrens« willen gibt. Das dritte Stadium ist das »Gelingen« des Begehrens: das leidgeborene Werk, die Befreiung der versklavten Völker, die dem Ebed [hebr. Knecht, L.W.] obliegt, die Gottesordnung der gesühnten Völkerwelt, die der gereinigte Ebed als ihr »Licht« ihr zu bringen hat, der Gottesbund des Menschenvolks, der im Ebed seine menschliche Mitte hat. Jetzt erst wird der blanke Pfeil aus dem Dunkel des Köchers geholt und abgeschossen. Der Geist seines Herrn ist über dem »gesalbten« Knecht und macht ihn offenbar. Auch jetzt noch hat er, der Künder von Haus aus, Botschaft zu bringen (61,1); aber diese Botschaft mündet in der neuen Rechtsordnung Gottes für die Welt (42,3).

Diese drei Stadien lassen sich nicht in das Leben einer einzelnen menschlichen Person eintragen. Es ist der Weg des einen Ebed durch seine Gestalten und Lebensgänge. Wir wissen nicht, auf wie viele Leben Deuterojesaja ihn verteilt sah; es ist zu vermuten, daß auch er selber von dem Geschauten nicht so viel wußte. Auch das können wir nicht wissen, welche geschichtlichen Gestalten er in den Weg des Ebed einbezogen hat; er hatte ein Mysterium zu künden und nicht es zu deuten. Aber eines darf uns gewiß sein: daß der namenlose Prophet sich selber an einem Punkte des Weges gesehen hat. Es kann nicht gelingen, den Ebed mit seinem Verkünder zu identifizieren; wohl aber sagt uns manches in den zwei im Ichton abgefaßten Liedern, daß Deuterojesaja sich selbst innerhalb der mehrgestaltigen Person des Ebed erblickt hat, und zwar als der, dem das Geheimnis der Verborgenheit und des dereinstigen Hervortretens aus ihr erschlossen worden ist. Wir dürfen annehmen, daß er, an Kyros enttäuscht, sein eigenes Dasein als ein Zeitelement im Weg der Person erfuhr, der das eigentliche Werk an der Erlösung der Weltgeschichte vorbehalten war. Er konnte es, weil und insofern er wahrhaft Nabi war. [...]

Mal um Mal, wenn Gott hier Israel als seinen Knecht anredet, spricht er zu ihm zugleich als zu einem, den er erwählt habe. Ebed bedeutet hier ja eben eine – individuale oder kollektive – Person, die von Gott zur Erfüllung eines besonderen Dienstes auserwählt ist, wie Salbung die Ermächtigung zur dauernden Erfüllung eines Auftrags bedeutet. Bei keinem andern Propheten ist wie bei Deuterojesaja der Glaube an die Erwählung so Grund und Voraussetzung all seiner Kundgebungen. Israel ist von urher erwählt, und als ein Erwählter wird auch der persönliche Ebed zu Anfang der ersten Ansprache (42,1) bezeichnet. Beide Erwählungen meinen Ausersehung zu Dienst und Werk. Aber das Werk, zu dem einst Israel erwählt wurde, war zunächst ein in sich geschlossenes: Konstituierung Israels als Volk Gottes, das heißt: als ein in dessen Ordnung und unter dessen Herrschaft sein ganzes Gemeinschaftsleben aufbauendes Volk; Israel sollte nicht an anderen wirken als an sich selbst, aber dieses sein Werk sollte in die Welt der Völker ausstrahlen, sollte für Gott werben und gewinnen und so der Anbeginn seines Reiches, der »Anfangsteil seiner Ernte« (dieser jeremianische Begriff wird von Deuterojesaja *vorausgesetzt*) werden. Dieses Werk, das Israel für sich und dadurch für das Menschentum zu tun berufen worden war, hatte es nicht getan. Um dessentwillen wird der Nabi, der in seiner Vorgeschichte unablässig nicht für sich, sondern für Israel gearbeitet hatte, nun zu einem Werk berufen, das unmittelbar für die Völkerwelt getan werden soll: erst das tragende Leid, dann die Einsetzung der Reichsordnung. Aber das von der Fremdherrschaft erlöste Israel, das seine Verfehlung abgebüßt hat, ist nun von JHWH als sein Königsbereich aufgerichtet worden (52,7), es wird die Herrschaft Gottes über sich erfüllen und nun doch der Anfang seines Weltreichs sein. Der leidende und wirkende Ebed wirkt nun nicht mehr, wie in seiner Vorgestalt als Nabi, aus dem Gegensatz zu Israel und leidet nicht mehr an diesem Gegensatz: er leidet und wirkt im Namen des reichbeginnenden Israels, ja als es. Mit Recht verschmelzen ihn die Könige in ihrer Rede mit Israel. Er ist Israel als Ebed. Wenn die Völker ihn ansehen, sehen sie die urerwählte Wahrheit Israels.

Dem Nabi als der Vorgestalt des Messias begegnen wir bis in ein frühchristliches Apokryphon, wo die Ruach zum Christos sagt, sie habe *in allen Propheten* (in omnibus prophetis) auf ihn gewartet, daß er komme und sie in ihm ruhe (requiescerem in te, vgl. Jesaja 11,2 und 42,1). Aber das Bild des leidenden Messias als eines, der von Geschlecht zu Geschlecht erscheint und von Martyrium und Tod zu Martyrium und Tod wandert, wirkt bis in späteste volkstümliche Überlieferung des Judentums nach: noch im Chassidismus, der großen religiösen Bewegung des 18. Jahrhunderts, wird von dem und jenem Meister, der eines gewaltsamen oder verfrühten Todes starb, erzählt, er sei Messias Sohn Josefs gewesen.

Doch die Einheit zwischen dem persönlichen Ebed und dem Ebed Israel überträgt sich auch auf die Einheit im Leid. Insofern das große Diasporaleiden Israels ein nicht bloß ertragenes, sondern wahrhaft getragenes, ein getanes Leiden ist, wird es im Bild des Ebed gedeutet. Wer in Israel das Leiden Israels tut, ist der Ebed, und er ist das Israel, an dem sich JHWH verherrlicht. Das Geheimnis der Geschichte ist das Geheimnis einer Stellvertretung, die letztlich Identität ist. Der Pfeil, der noch immer im Köcher steckt, ist Volk und Mensch zugleich.

Die Hoffnung Deuterojesajas auf die Verwirklichung seiner messianischen Botschaft in seinem Geschichtszeitalter ist nicht in Erfüllung gegangen. Im Aufbau des zweiten israelitischen Staatswesens, im Leben der aus Babylon zurückgekehrten Gemeinschaft, ist trotz des rechtschaffenen Versuchs, sich unter das Gesetz JHWHS zu stellen, nicht viel davon zu verspüren. Aber die große Zerstreuung, die nach dem Zerfall des zweiten Staates die Existenzform des Volkes wird, ist mit dem Leidensmysterium, als mit der Verheißung des Gottes der Leidenden, ausgerüstet. Zu dem Gott, der in der Urzeit den Erzvater aus seinem Vaterhause »abirren machte« und auf der Wanderschaft zum gesetzten Ziel ihm als treuer Hirt voranging, bekennen sich die Geschlechter der Leidenden auf ihrem Weg, dem Weg des Exils, als zu »ihrem Hirten« (Jesaja 40,11). Sie tun es in der Kraft des prophetischen Glaubens: »JHWH geht vor ihnen einher« (52,12). Er, den der »Prophet« Abraham in den Tagen der Frühe als den Gott des Weges erkannte, ist in der Botschaft des anonymen Propheten (48,17), die die Geschlechter der Leidenden auf ihrer Wanderschaft mit sich trugen, der Führer auf dem Weg geblieben.

23 Ein Hinweis für Bibelkurse

[Aus dem dritten Rundbrief der von mir geleiteten »Mittelstelle für jüdische Erwachsenenbildung« (Anfang 1936). Ich habe hier die Grundsätze zusammengefaßt, die sich mir aus meinen Erfahrungen in einer Reihe von Bibelkursen (für Lehrer, Jugendführer usw., zwischen Frühjahr und Winter 1934 und seit dem Spätherbst 1935, an verschiedenen Orten Deutschlands) ergeben haben.]

1

Ein Bibelkurs soll zum biblischen Text hinführen, nicht über den Text weg. Es kommt erstlich – und letztlich – darauf an, verstehen zu lernen, was dasteht. Und dazu muß man selber das, was dasteht, ernst nehmen. In seinem Wortlaut, in seinem Sinngehalt, in seinen Zusammenhängen.

2

Mit einem noch so schwer zu erfassenden Wortlaut muß man bis aufs äußerste ringen, ehe man sich, mit der Melancholie eines unvermeidlichen Verzichts im Herzen, entschließt, auch nur einen einzigen Vokal anders zu lesen als er dasteht, das heißt: sich und den andern einzugestehen, daß man hier den Zugang zum Text nicht hat und nicht erarbeiten kann. Nichts billiger, als den Text für irrig zu halten und zu vermeinen, man könne hinter ihn und so zu einem richtigen gelangen! Man soll sich aber klarmachen, daß der für die uns vorliegende Textgestalt Verantwortliche nicht weniger Hebräisch konnte als unsereiner. Was *er* mit dem was dasteht meinte, wie er es verstand, das zu erfassen ist unsre Aufgabe; hinter ihn gelangen zu wollen ist eine aussichtslose Selbsttäuschung, denn auch da, wo etwa die alten Übertragungen in einer andern Lesung als die massoretische übereinstimmen, können wir nicht ermitteln, ob man nicht damals schon sich ein Überschweres zu erleichtern versuchte. Der »feste Buchstab« ist, wie problematisch er auch erscheinen mag, eine strenge Wirklichkeit, daneben alles andere Schein.

3

Dieser so – bis auf jene Grenzfälle, wo einem die Untreue schmerzhaft aufgenötigt wird – anzunehmende Wortlaut aber muß eben als *die* zulängliche worthafte Gestalt seines Sinns verstanden werden. Es kann sich hier nicht um einen Inhalt handeln, der diese Form bekommen hat, aber auch eine andre vertrüge, um ein Was, das von diesem Wie abgelöst und einem andern verbunden werden könnte, um etwas, das »man auch anders sagen kann«. Man kann es nicht anders sagen, ohne daß es etwas anderes wird! Und wenn es etwas anderes wird, dann eben etwas ganz anderes, einer andern Ordnung Angehöriges, etwas – Unbiblisches. Das biblische Wort ist nicht bloßer »Ausdruck« für ein geistiges oder seelisches Anliegen, sei es »ethischer«, sei es »religiöser« Art, oder für einen geschichtlichen oder sagenhaften Sachgehalt, sondern es ist überliefertes *Wort*, das einst *gesprochen* worden und dann in seiner Gesprochenheit überliefert worden ist; einst gesprochen als Botschaft, als Gesetzspruch, als Weissagung, als Gebet, als Bericht, als Belehrung, als Bekenntnis, als Dialog, so dem organischen Gedächtnis der Geschlechter anvertraut und darin bewahrt und stets neu in lebendiger Rede erhalten, ohne Aufzeichnung oder neben der Aufzeichnung, und auch noch nachdem alles aufgezeichnet war aus der Schrift immer wieder in der Gesprochenheit erstehend. Die Prägung dieses Wortes ist sein Wesen selber, seine einmalige Beschaffenheit, auszuschmelzen ist es nicht. Sein Rhythmus ist die notwendige Form, in der es sich dem Volksgedächtnis zugeteilt und auferlegt hat; seine Lautwiederholungen sind gestiftete Bezüge zwischen Stelle und Stelle; auch wo es zu spielen scheint, zielt es – »Wortspiel« ist hier Worternst, der tiefe Ernst der Wortwelt selbst.

4

»Gesprochen« heißt: in einer bestimmten Situation gesprochen. Das biblische Wort ist auch von den Situationen seiner Gesprochenheit nicht abzulösen, sonst verliert es seine Konkretheit, seine Leiblichkeit. Ein Gebot ist keine Sentenz, sondern eine Anrede; zu Volk gesprochen und von den Volksgeschlechtern je als zu diesem Geschlecht gesprochen gehört, aber nie ins Zeitlose zu heben; macht man es zu einer Sentenz, versetzt man es aus der zweiten in die dritte Person, aus der Verbindlichkeit des Hörens in die Unverbindlichkeit des interessierten Lesens, so nimmt man ihm sein Fleisch und Blut. Eine Prophetie ist die Rede eines als beauftragt redenden Menschen zu einer Menschenschar, in einer bestimmten Stunde, in einer bestimmten Lage, deren Folge von der Entscheidung mitabhängt, welche diese Schar auf diese Rede hin in dieser Stunde fassen – oder unterlassen wird; gerade darin, in diesem unverlorenen Atem des entscheidungsmächtigen Augenblicks liegt das Geheimnis der ewigen Geltung künderischen Worts. Die biblischen Geschichten sind nur zum geringen Teil chronikartige Niederschrift, in den meisten lebt noch die aufrufende, zeitenverbindende, vorbildweisende oder warnende Stimme der Erzähler. Mögen manche Psalmen den Charakter liturgischen, einzelne gar litaneiartigen Gedichts tragen, der Grundton bleibt die gelebte Unmittelbarkeit echten Notschreis und Dankjubels, Sprache persönlicher Sprecher, die gerade wenn und weil sie das »Ich« der wirklichen Person meinen, als

Chorführer der Gemeinschaft deren Schicksal und deren Heil im Liede sagen. Diese seine situationsgeborene, situationsgerechte Konkretheit muß dem biblischen Text bewahrt werden. Man darf ihn nicht als Stücke einer Literatur, man soll ihn stets als Teile eines ungeheuren, vielstimmigen, in einem Urgrund des schaffenden und offenbarenden Worts entspringenden, in ihm beterisch mündenden Gespräches lehren. Dafür ist nicht dies das Wichtige, sich von den Historikern sagen zu lassen, wann, wo, unter welchen Umständen dieser oder jener Text entstanden sei; die Historiker, auch die bauenden und deutenden, sind ins Mittelbare gebannt und auf seine Behelfe angewiesen; das Wichtige ist, sich von dem einzelnen Text über seine besondere Situationsbindung sagen zu lassen, was er und nur er darüber zu sagen vermag.

5

Biblische Texte sind als Texte der *Bibel* zu behandeln, das heißt: einer Einheit, die, wenn auch geworden, aus vielen und vielfältigen, ganzen und fragmentarischen Elementen zusammengewachsen, doch eine echte organische Einheit und nur als solche wahrhaft zu begreifen ist. Das bibelstiftende Bewußtsein, das aus der Fülle eines vermutlich weit größeren Schrifttums das aufnahm, was sich in die Einheit fügte, und in den Fassungen, die dieser Genüge taten, ist nicht erst mit der eigentlichen Zusammenstellung des Kanons, sondern schon lange vorher, in allmählichem Zusammenschluß des Zusammengehörigen, wirksam gewesen. Die Kompositionsarbeit war bereits »biblisch«, ehe die erste Vorstellung einer bibelartigen Struktur erwachte; sie ging auf eine jeweilige Zusammenschau der verschiedenen Teile aus, sie stiftete Bezüge zwischen Abschnitt und Abschnitt, zwischen Buch und Buch, sie ließ den tragenden Begriff durch Stelle um Stelle klären, ließ die heimliche Bedeutung eines

Vorgangs, die sich in der einen Erzählung nur eben leicht auftat, in einer andern sich voll erschließen, ließ Bild durch Bild und Symbol durch Symbol erleuchten. Manches von dem, was man »Midrasch« nennt, ist schon in der Bibel selbst, in diesen Zeugnissen einer zur biblischen Einheit strebenden Auslese- und Koordinationsarbeit zu finden, deren stärkstes Werkzeug eine diskret folgerichtige Verwendung von Wiederholungen, Motivworten, Assonanzen war. Wir stehen hier erst am Anfang einer methodischen Erkenntnis. Es gilt den Blick für diese Entsprechungen und Verknüpfungen und überhaupt für die Einheitsfunktion in der Bibel zu schärfen. Dann ergeben sich uns ganz andre Gebilde als die der »Quellenschriften«, auf die die alttestamentliche Wissenschaft der letzten Jahrhunderte den Bau der Schrift zurückzuführen sucht; es ergibt sich größere Verschiedenheit und größere Gemeinsamkeit und das in seiner Dynamik erkennbare Werden dieser aus jener. Damit soll nicht gesagt sein, daß man sich nicht mit den Thesen der modernen Wissenschaft vertraut machen solle. Man soll es tun; man soll nur auch wissen, was es ist, das man durch sie erfährt. Thesen kommen und gehen; die Texte bleiben.

III *»Die wahre Gemeinschaft ist der Sinai der Zukunft«*

Als Martin Buber um 1903 auf die in Volksbüchern und Traktaten verstreute Überlieferung der chassidischen Bewegung stieß und Feuer fing, hatte er eine Entdeckung gemacht, die ihn 60 Jahre lang beschäftigen und der er einen großen Teil seines Ruhmes verdanken sollte.

Er war zu der Zeit mit der deutschen Mystik bereits vertraut, hatte die Upanishaden und die buddhistischen Legenden gelesen – nun trat dem Zionisten dasselbe Thema, das Leben des Menschen mit Gott, in jüdischem Gewand entgegen. Auf die Wiedergeburt oder Renaissance des Jüdischen, vor allem der Kultur, war die Arbeit des jungen Literaten, ja Dichters, ausgerichtet: »Da war es, daß ich, im Nu, die chassidische Seele erfuhr«[1], als er einen Spruch des Baal-Schem-Tow liest, des Begründers dieser Glaubens- und Lebensrichtung innerhalb des östlichen Judentums im 18. Jahrhundert. Er hat die jüdische Religiosität gefunden und damit das Herz seines zionistischen Engagements: die reale Gegenseitigkeit von Gott und Mensch, die »Einbezogenheit des ganzen Weltlebens«, den Baal-Schem als den »Begründer einer realistischen und aktivistischem Mystik«[2].

Nach und nach gibt Buber seine chassidischen Bücher heraus; als erstes, recht frei, fast modisch den Originalen nachgedichtet, »Die Geschichten des Rabbi Nachman«[3], eine Auswahl der unter Rabbi Nachmans Namen umlaufenden Märchen; dann 1908 »Die Legende des Baalschem«[4]. Schon denkt er an einen »Zyklus von Büchern«

(Briefwechsel I, Nr. 104, 1906), dessen erste Bände die eben genannten sein sollen. Mit Samuel Joseph Agnon, der schon vor 1910
als hebräischer Dichter hervorgetreten war und sich bald einen
Namen machte (bis hin zum Nobelpreis 1966, gemeinsam mit Nelly
Sachs), arbeitet er an einem vielbändigen Corpus Chassidicum; 1923
wird es zuerst im Briefwechsel erwähnt, aber das Manuskript ver-
brennt mit Agnons Haus 1924. Trotzdem ist in den Briefen zwischen Buber und Agnon bis 1932 immer wieder von dem Projekt
die Rede; zur Ausführung kam es nicht, dafür entstand eine lockere
Folge von kleinen Büchern und größeren Sammlungen, wie »Des
Baal-Schem-Tow Unterweisung im Umgang mit Gott« (1927),
»Der große Maggid und seine Nachfolge« (1921), »Das verborgene
Licht« (1924), »Die chassidischen Bücher« (1928), die alle schließlich
in den Band »Die Erzählungen der Chassidim« (1949) eingeschmol-
zen werden; dazu »Die chassidische Botschaft« (1952), »das langsam
wachsende Ergebnis einer langen Forschungs- und Deutungsarbeit
an dem großen Schrifttum der chassidischen Lehre und Legende«
(Vorwort), um nur eine der deutenden Schriften zu nennen.[5]

Buber ist besonders an den erzählenden Stoffen der chassidischen
Überlieferung interessiert; von der chassidischen Legende als einer
eigentümlichen literarischen Gattung spricht er schon im Vorwort
zur »Legende des Baalschem«: »Die Legende ist der Mythos des Ich
und Du, des Berufenen und des Berufenden, des Endlichen, der ins
Unendliche eingeht, und des Unendlichen, der des Endlichen bedarf«. Von der Lehr-Überlieferung der chassidischen Meister hat
Buber wenig publiziert. »Das erzählende Wort ist mehr als Rede,
es führt das, was geschehen ist, faktisch in die kommenden Geschlechter hinüber, ja das Erzählen ist selber Geschehen, es hat die
Weihe einer heiligen Handlung. Der ›Seher‹ von Lublin soll einmal
aus einer ›Klaus‹ einen Lichtglanz haben aufsteigen sehen; als er

eintrat, saßen Chassidim drin und erzählten sich von ihren Zaddikim«[6].

Die Kritik an Bubers Editionen hat früh eingesetzt: von Micha Joseph bin Gorion (M.J. Berdyczewski, Briefwechsel I, Nr. 126, 1908) bis Gershom Scholem, dem großen Erforscher der jüdischen Mystik, ist es dieselbe Klage, daß Buber zuviel Eigenes in die chassidischen Texte hineintrage; Scholem kennzeichnet Bubers Verfahren scharf und wirft ihm vor, seine eigene »Philosophie des religiösen Anarchismus und Existenzialismus« hineingelesen zu haben[7]. Trotzdem betonen Kenner, wie Michael Brocke, die Wichtigkeit der Arbeiten Bubers; Europa und Amerika haben durch ihn zuerst und in dieser Form vom Chassidismus erfahren.

Martin Buber ging es um mehr als um eine Spezialität der Geschichte der jüdischen Mystik und um eine Perle der Weltliteratur (Hermann Hesse), auch um mehr als um die Erinnerung an eine einst mächtige ostjüdische Bewegung, die unsern Respekt verlangt. Er hat ein Geschenk der Juden an die Welt darin gesehen: »Die wahre Gemeinschaft ist der Sinai der Zukunft«. Nicht der abgelöste einzelne ohne Bindungen ist angesprochen, wo es um die innerste »Weisung«, um das Gesetz des Lebens geht. Eine gegliederte Gemeinschaft, die das hörende Gegenüber mit ihrem Meister kennt, ist der Erscheinungs-Ort Gottes heute. Das aber hat Buber bei den Chassidim gefunden: eine Gemeinschaft, »die in ihrem Glauben lebt«[8]; die Erweckung und Spontaneität des Gefühls; die Wendung von der theosophischen Ausrichtung der Kabbala zu der modernen, psychologischen, verinnerlichten und persönlichen Auffassung der Frömmigkeit; dazu die »mystische Bewegung als soziales Phänomen«, damit freilich auch eine gewisse Irrationalisierung des Theologischen[9].

Buber sieht durchaus die Berührungen der chassidischen Praxis und Lehre mit der Psychoanalyse[10], wie ja auch Freud noch wußte, daß sein Vater aus chassidischem Milieu stammte.

Buber wird in seiner Sicht des Chassidismus und in der Darstellung seiner Überlieferung mit den Jahren strenger;[11] er verbindet die beiden großen Themen seiner früheren Jahre, nämlich das Verhältnis zu Gott und zur Gemeinschaft, miteinander. Das entscheidende Buch, »Die Erzählungen der Chassidim«, ist ihm »eines der wichtigsten und recht eigentlich das Produkt einer Lebensarbeit« (Briefwechsel III, Nr. 110, an Salman Schocken, seinen Verleger, 1947).

---

24 Die Grundlagen der echten Menschengemeinschaft

In meiner Kindheit (ich kam in sehr frühen Jahren von Wien, wo ich geboren bin, nach Galizien und wuchs hier bei meinen Großeltern auf) brachte ich jeden Sommer auf einem Gut in der Bukowina zu. Da nahm mich mein Vater zuweilen in das nahe Städtchen Sadagora mit. Sadagora ist der Sitz einer Dynastie von »Zaddikim« (Zaddik: Gerechter, Bewährter, Vollkommener), das ist von chassidischen Rabbis. Die »Gebildeten« reden von »Wunderrabbis« und glauben Bescheid zu wissen. Aber sie wissen, wie es nun einmal den »Gebildeten« in solchen Dingen geht, nur um die äußerste Oberfläche Bescheid. Wohl ist die legendäre Größe der Ahnen in den Enkeln geschwunden, und etliche bemühen sich, durch allerhand kleine Magie ihre Macht zu bewahren; aber all ihr Treiben vermag das angeborene Leuchten ihrer Stirn nicht zu verdunkeln, die angeborene Erhabenheit ihrer Gestalt nicht zu verzerren: ihr unwillkürlicher Adel spricht zwingender als all ihre Willkür. Und wohl lebt in der heutigen Gemeinde nicht mehr jener hohe Glaube der ersten Chassidim, die im Zaddik den vollkommenen Menschen ehrten, in dem das Unsterbliche seine sterbliche Erfüllung findet; vielmehr wenden sich die Heutigen an ihn vornehmlich als an den Mittler, durch dessen Fürsprache sie Stillung ihres Bedürfens zu erlangen hoffen; aber es ist immer noch, ihrem niedern Wollen entrückt, ein Schauer urtiefer Ehrfurcht, der sie ergreift, wenn der »Rebbe« im stummen Gebet steht oder beim dritten Sabbatmahl in zögernder Rede das Geheimnis der Thora deutet. Auch in diesen Abgearteten glüht noch, im ungekannten Grund ihrer Seelen, das Wort des Rabbi Eleasar fort, um des vollkommenen Menschen (»Zaddik«) willen, und sei es um eines einzigen willen, sei die Welt

erschaffen worden; »denn es heißt: ›Und Gott sah das Licht, daß es
gut war‹, ›gut‹ aber meint nichts anderes als den Vollkommenen«
(Talmud Babli, Joma 38b).

Dies habe ich damals, als Kind, in dem schmutzigen Städtchen
Sadagora von der »finstern« chassidischen Masse, der ich zusah,
erfahren – wie ein Kind solche Dinge erfährt, nicht als Gedanken,
sondern als Bild und Gefühl: daß es der Welt um den vollkommenen
Menschen zu tun ist und daß der vollkommene Mensch kein anderer
ist als der wahrhafte Helfer. Wohl wird der Zaddik jetzt wesentlich
um Hilfe in recht irdischen Nöten angegangen; aber ist er nicht
trotzdem der Möglichkeit nach immer noch, als was er einst gedacht
und eingesetzt worden ist: der Helfer im Geist, der Lehrer des
Weltsinns, der Führer zu den göttlichen Funken? Wohl ist die ihm
anvertraute Macht von den Gläubigen mißdeutet, von ihm selber
mißbraucht worden; aber ist sie nicht im Grunde eine legitime, *die*
legitime Macht, diese Macht der hilfreichen Seele über die bedürf-
tigen, liegt in ihr nicht der Keim künftiger Ordnungen? Irgendwie,
nach kindlicher Art, dämmerten diese Fragen schon damals in mir
auf. Und ich konnte vergleichen: nach der einen Seite hin mit dem
Bezirkshauptmann, dessen Macht auf eitel Zwanggewohnheit ruhte;
nach der andern hin mit dem Rabbiner, der ein rechtschaffener und
gottesfürchtiger Mann, aber ein Angestellter des »Kultusvorstands«
war. Hier jedoch war ein anderes, ein Unvergleichliches; hier war,
erniedrigt, doch unversehrt, der lebendige Doppelkern des Men-
schentums: wahrhafte Gemeinde und wahrhafte Führerschaft. Ur-
altes, Urkünftiges war hier, Verlorenes, Ersehntes, Wiederkehren-
des.

Der Palast des Rebbe, in seiner effektvollen Pracht, stieß mich
ab. Das Bethaus der Chassidim mit seinen verzückten Betern be-
fremdete mich. Aber als ich den Rebbe durch die Reihen der

100

Harrenden schreiten sah, empfand ich: »Führer«, und als ich die Chassidim mit der Thora tanzen sah, empfand ich: »Gemeinde«. Damals ging mir eine Ahnung davon auf, daß gemeinsame Ehrfurcht und gemeinsame Seelenfreude die Grundlagen der echten Menschengemeinschaft sind.

25 »Gott ist in jedem Ding zu schauen ...«

Das hebräische Wort »Chassid« bedeutet: ein Frommer. Es gab im nachexilischen Judentum immer wieder Gemeinschaften, die den Namen Chassidim, Fromme, trugen: von jenen, über die das erste Buch der Makkabäer als über eine der Lehre treugebliebene, für sie kämpfende Schar berichtet, und jenen, von denen die Mischna sagt, wer spreche: »Was mein ist, ist dein, und was dein ist, ist mein«, wer sich selber also kein Eigentum zuspreche, sei ein Chassid, bis zu jenen »Chassidim«, deren anderthalbtausend im Jahr 1700 unter steten Kasteiungen in das Heilige Land ziehen, um das messianische Reich herbeizubringen, und dort untergehen, und endlich der von Israel ben Elieser, dem »Baal-Schem«, um die Mitte des 18. Jahrhunderts begründeten Gemeinschaft, die nach einer kurzen, an denkwürdigen Gestalten reichen Blütezeit der Entartung verfiel, aber heute noch einen großen Teil der östlichen Judenheit umfaßt. Ihnen allen ist es gemeinsam, daß sie mit ihrer Frömmigkeit, mit ihrer Beziehung zum Göttlichen im irdischen Leben Ernst machen wollen; daß sie sich nicht mit gepredigter Gotteslehre und geübtem Gottesdienst begnügen, sondern das Miteinanderleben der Menschen auf der Grundlage der göttlichen Wahrheit aufzurichten versuchen. Besonders deutlich ist dies bei der zuletzt genannten Gemeinschaft, die ich hier im Sinn habe.

Der zuweilen von aufklärerischer Gesinnung bestimmte Historiker Graetz (1817–1891) weiß diesen »Neuchassidäern« nichts anderes als »den wüstesten Wahnglauben« nachzusagen. Aber ein Zeitgenosse und Freund von Graetz, Moses Heß (1812–1875), der Begründer des modernen Zionismus, sprach das tief erkennende Wort aus, der Chassidismus bilde innerhalb des lebendigen jüdischen Geistes den Übergang »aus dem mittelalterlichen Judentum zu einem regenerierten, welches erst in der Entstehung begriffen ist«; seine Folgen seien »unberechenbar, wenn sich die nationale Bewegung seiner bemächtigt«.

In der Tat, nirgends in den letzten Jahrhunderten hat sich die Seelenkraft des Judentums so kundgegeben wie im Chassidismus. Die alte Kraft lebt in ihm, die einst, wie Jakob den Engel, mit starken Armen das Unsterbliche auf der Erde festhielt, auf daß es sich im sterblichen Leben erfülle. Zugleich aber gibt sich darin eine neue Freiheit kund. Ohne daß am Gesetz, am Ritus, an der überlieferten Lebensnorm ein Jota geändert würde, ersteht das Altgewohnte in einem jungen Licht und Sinn. Dem äußern Anschein nach noch mittelalterlich gebunden, ist das chassidische Judentum in seiner innern Wahrheit schon der Regeneration erschlossen, und die Entartung dieser großen religiösen Bewegung konnte den geistesgeschichtlichen Prozeß, der mit ihr begonnen hat, nur aufhalten, nicht abbrechen.

Es ist hier nicht der Ort, die Lehre des Chassidismus darzulegen. Sie läßt sich in einem Satz zusammenfassen: Gott ist in jedem Ding zu schauen und durch jede reine Tat zu erreichen. Diese Einsicht ist aber keineswegs, wie man vermeint hat, der pantheistischen Weltanschauung gleichzusetzen. Für die chassidische Lehre ist die

102

ganze Welt nur ein Wort aus Gottes Mund; und dennoch ist das geringste Ding in der Welt würdig, daß Gott sich aus ihm dem Menschen, der ihn wahrhaft sucht, offenbare; denn kein Ding kann ohne einen göttlichen Funken bestehen, und diesen Funken kann jeder zu jeder Zeit und durch jede, auch die gewöhnlichste Handlung entdecken und erlösen, wenn er sie nur in Reinheit, ganz auf Gott gerichtet und gesammelt, vollbringt. Darum gilt es nicht, in einzelnen Stunden nur und mit bestimmten Worten und Gebärden Gott zu dienen, sondern mit dem ganzen Leben, mit dem ganzen Alltag, mit der ganzen Weltlichkeit. Nicht darin besteht das Heil des Menschen, daß er sich vom Weltlichen fernhalte, sondern daß er es heilige, es dem göttlichen Sinn weihe: seine Arbeit und seine Speise, seine Ruhe und seine Wanderschaft, den Aufbau der Familie und den Aufbau der Gesellschaft. Daß er die große Gottesliebe an allen Kreaturen, ja an allen Dingen bewähre. Nie hat in Europa eine große Volksgemeinde – nicht ein Orden Abgeschiedener, nicht eine Bruderschaft Auserwählter, sondern eine Volksgemeinde in all ihrer geistigen und sozialen Vielfältigkeit, in all ihrer Gemischtheit – so das ganze Leben als eine Einheit auf das innerlich Erkannte gestellt. Hier ist keine Trennung zwischen Glauben und Werken, zwischen Wahrheit und Bewährung, in heutiger Sprache zwischen Moral und Politik; hier ist alles Ein Reich, Ein Geist, Eine Wirklichkeit.

26 Erneuerung von Glaubensgestalt und Lebensgestalt

Nein, es ist mir nicht darum zu tun gewesen, »meiner Lehre« Ausdruck zu verleihen. Wohl habe ich auch die von den Personen des Buches vorgetragenen Lehren ergänzt und ausgebaut, aber immer im Sinn des Vorgefundenen und in der Fortführung seiner Linien. Möglich ist mir das deshalb gewesen, weil ich mit jenen Menschen, auf die ich hinzeige, in einer lebendigen Einheit stehe. Als ich in meiner Jugend das erste chassidische Buchwort vernahm, nahm ich es mit einer chassidischen Begeisterung auf. Ich bin ein polnischer Jude, zwar aus einer Familie von Aufklärern, aber in der empfänglichen Zeit des Knabenalters hat eine chassidische Atmosphäre ihren Einfluß auf mich ausgeübt. Es mag auch andere, weniger faßbare Fäden geben. Gewißheit ist mir, daß, wenn ich damals gelebt hätte, als man noch um das Wort Gottes selber und nicht um dessen Karikaturen kämpfte, auch ich, wie so viele, meinem Vaterhaus entlaufen und Chassid geworden wäre. In der Epoche, in die ich hineingeboren wurde, war es mir nach Generation und Situation verwehrt. Nicht die Voraussetzungen fehlten mir, aber die innere Möglichkeit, sie ungewandelt zu erhalten. Mein Herz gehört zu jenen von Israel, in denen sich heute, den blind Bewahrenden und den blind Bestreitenden gleicherweise entrückt, das Ringen vollzieht, das der Erneuerung von Glaubensgestalt und Lebensgestalt vorausgeht. In diesem Ringen setzt sich das chassidische fort, nur eben in einer Weltstunde, in der an die Stelle des langsam scheidenden Lichtes die Finsternis getreten ist. Gewiß, ich bin nicht mit meinem ganzen Bestande in der Welt der Chassidim – ähnlich hat es sich zumeist mit denen verhalten, die etwas Vergangenes so den Menschen gegenwärtig machen wollten, daß es neu wirkte –, aber mein Fundament ist dort, und meine Antriebe sind den ihren verwandt. »Die Thora hat gewarnt«, sagte der Schüler des »heiligen Juden« und Rabbi Bunams, Rabbi Mendel von Kozk, »sich aus Gottes Gebot ein Götzenbild zu machen.« Was hätte ich solchen Worten hinzuzufügen! […]

Ich aber habe keine »Lehre«. Ich habe nur die Funktion, auf solche Wirklichkeiten hinzuzeigen. Wer eine Lehre von mir erwartet, die etwas anderes ist als eine Hinzeigung dieser Art, wird stets enttäuscht werden. Es will mir jedoch scheinen, daß es in unserer Weltstunde überhaupt nicht darauf ankommt, feste Lehre zu besitzen, sondern darauf, ewige Wirklichkeit zu erkennen und aus ihrer Kraft gegenwärtiger Wirklichkeit standzuhalten. Es ist in dieser Wüstennacht kein Weg zu zeigen; es ist zu helfen, mit bereiter Seele zu beharren, bis der Morgen dämmert und ein Weg sichtbar wird, wo niemand ihn ahnte.

27 Funken des Lebens in allem, auch im Bösen

Gott, so lehrt der Baalschem, ist in jedem Ding als dessen Urwesen. Er kann nur mit der innersten Kraft der Seele empfangen werden. Ist diese Kraft freigemacht, dann ist es dem Menschen an jedem Ort und zu jeder Zeit gegeben, das Göttliche aufzunehmen. Jede Handlung, die in sich geweiht ist, mag sie noch so niedrig und sinnlos erscheinen dem von außen Herankommenden, ist der Weg zum Herzen der Welt. In allen Dingen, auch in den scheinbar völlig toten, wohnen Funken des Lebens, die in die bereite Seele fallen. Was wir das Böse nennen, ist kein Wesen, sondern ein Mangel; es ist »Gottes Exil«, die unterste Stufe des Guten, der Thron des Guten; es ist – in der Sprache der alten Kabbala – die »Schale«, die das Wesen der Dinge umgibt und verhüllt.

Es gibt kein Ding, das böse und der Liebe unwürdig wäre. Auch die Triebe des Menschen sind nicht böse; »je größer ein Mensch, desto größer ist sein Trieb«; aber der Reine und Geheiligte macht aus seinem Triebe »einen Wagen für Gott«, er löst ihn von aller Schale ab und läßt seine Seele sich daran vollenden. Der Mensch soll seine Triebe in ihren Tiefen fühlen und sie besitzen. »Er soll den Stolz lernen und nicht stolz sein, den Zorn kennen und nicht zürnen. Und so ist es mit allen Eigenschaften. Der Mensch soll in allen Eigenschaften ganz sein … Der weise Mensch vermag zu blicken, nach welchem Ort er will, und sich nicht über seine vier Ellen hinaus zu verlieren.« Das Schicksal des Menschen ist nur der Ausdruck seiner Seele: wessen Gedanken an unreinen Dingen umherstreifen, erlebt Unreines, wer sich ins Heilige versenkt, erfährt das Heil. Des Menschen Denken ist sein Sein: wer wahrhaft an die obere Welt denkt, ist in ihr. Alle äußere Lehre ist nur ein Aufstieg zur inneren; der letzte Zweck des Einzelnen ist, selbst eine Lehre zu werden. In Wahrheit ist die obere Welt kein Außen, sondern ein Innen; es ist »die Welt des Gedankens«.

Ist demnach das Leben des Menschen in jedem Anliegen und in jeder Tätigkeit dem Unbedingten geöffnet, so soll er es auch in Weihe leben. Jeder Morgen ist eine neue Berufung. »Er erhebe sich im Eifer von seinem Schlaf, denn er ist geheiligt und ein anderer Mensch worden und ist würdig zu zeugen und ist worden nach der Eigenschaft Gottes, da er die Welten erzeugte.«

28 Die einwohnende Gegenwart Gottes in der Welt

Die talmudische, von der Kabbala ausgebaute Lehre von der Sche-china, der »einwohnenden« Gegenwart Gottes in der Welt, bekam einen neuen, intim-praktischen Gehalt: wenn du die unverkürzte Kraft deiner Leidenschaft auf Gottes Weltschicksal richtest, wenn du das, was du in diesem Augenblick zu tun hast, was es auch sei, zugleich mit deiner ganzen Kraft und mit solcher heiligen Intention, Kawwana, tust, einst du Gott und Schechina, Ewigkeit und Zeit. Dazu brauchst du kein Lehrkundiger, kein Weiser zu sein: nichts ist not als eine in sich einige, ungeteilt auf ihr göttliches Ziel gerichtete Menschenseele. Die Welt, in der du lebst, so wie sie ist, und nichts anderes, gewährt dir den Umgang mit Gott, ihn, der dich und das in der Welt weilende Göttliche, soweit es dir anvertraut ist, zugleich erlöst. Und deine eigene Beschaffenheit, dies eben wie du bist, ist dein besonderer Zugang zu Gott, deine besondere Möglichkeit für ihn. Laß dich deiner Lust an Wesen und Dingen nicht verdrießen, laß sie sich nur in den Wesen und Dingen nicht verkapseln, sondern durch sie zu Gott vordringen; empöre dich nicht wider deine Begierden, sondern fasse sie und binde sie an Gott; nicht ertöten sollst du deine Leiden-schaft, sondern sie heilig wirken und heilig ruhen lassen in Gott. Aller Widersinn, mit dem die Welt dich kränkt, tritt dich an, damit du den Sinn in ihm entdeckst, und aller Widerspruch, der in dir selbst dich peinigt, wartet auf deinen Spruch, ihn zu bannen. Alles Urleid will Eingang in deine begeisterte Freude.

Diese deine Freude aber ist es nicht, wonach du strebst. Sie wird dir zuteil, wenn du danach strebst, »Gott zu erfreuen«. Deine Freude erhebt sich, wenn du nichts mehr willst als die göttliche Freude – nichts mehr als die Freude selber.

29 Die Scheidung zwischen Heilig und Profan überwinden

Das Wichtigste am Chassidismus ist heute wie damals die starke und sowohl im persönlichen Dasein als in dem der Gemeinden bewährte Tendenz, die fundamentale Scheidung zwischen dem Heiligen und dem Profanen immer mehr zu überwinden.

Diese Scheidung ist in die Grundlagen jeder Religion aufgenommen. Überall wird da der Fülle der Dinge, Eigenschaften und Handlungen, die der Allgemeinheit zugehören, das Geweihte enthoben und entsondert, und dieses bildet nun in seiner Gesamtheit ein geschlossenes Heiligtum, in das die diffuse Profanheit keinen Eingang finden kann.

In der Geschichte des Menschen ist die Auswirkung dieser Scheidung eine zwiespältige. Der Religion wird dadurch ein Bezirk gesichert, dessen Unantastbarkeit ihr immer wieder von den Vertretern des Staates und der Gesellschaft gewährleistet wird. Aber zugleich wird dadurch den Bekennern der Religionen ermöglicht, die wesentliche Betätigung ihres Glaubensverhältnisses auf diesen Bezirk zu beschränken, ohne daß dem Heiligen im übrigen persönlichen Leben und insbesondere in dessen öffentlicher Sphäre eine entsprechende Macht eingeräumt würde.

Im Judentum scheint auf den ersten Anblick die Grenze zwischen beiden Bereichen äußerst scharf gezogen zu sein, weil den von außen Kommenden der große Block des Rituals wie etwas ganz für sich Bestehendes anmutet; auch drinnen zeugt manches dafür. Man braucht aber dagegen nur zu beachten, wie viele Handlungen des Alltags durch Segenssprüche eingeleitet werden, um zu erkennen, wie tief hier die Heiligung in das an sich Ungeweihte hineinreicht. Segnet einer Gott nicht bloß allmorgendlich beim Erwachen dafür, daß er ihn hat erwachen lassen, sondern auch, wenn er etwa ein neues Haus oder Kleid oder Gerät in Gebrauch nimmt, dafür, daß er bis zu dieser Stunde am Leben erhalten worden ist, so wird hier die gewohnte Tatsache des irdischen Fortbestehens bei jeder sich bietenden Gelegenheit eingeheiligt und damit auch diese Gelegenheit selber. Fortschreitend bildet sich aber die Anschauung aus, die Scheidung zwischen den Bereichen sei nur eine vorläufige. Nach dieser Anschauung stecken die Anordnungen des religiösen Gesetzes nur das schon für die Heiligung beanspruchte Gebiet ab, das Gebiet, in dem sich die Bereitung und Erziehung für das Heiligwerden alles Handelns vollzieht; in der messianischen Welt soll alles heilig geworden sein. Diese Tendenz gelangt im Chassidismus zu einer höchst realistischen Vollendung. Das Profane wird nunmehr nur noch als ein Vorstadium des Heiligen angesehen; es ist das noch nicht Geheiligte. Das menschliche Leben ist aber dazu bestimmt, in all seiner natürlichen, d.h. schöpfungsmäßigen Struktur geheiligt zu werden. »Gott wohnt, wo man ihn einläßt«, sagt ein chassidischer Spruch; die Heiligung des Menschen bedeutet dieses Einlassen. Im Grunde ist somit in unserer Welt das Heilige nichts anderes als das dem Göttlichen Offene, wie das Profane nichts anderes ist als das sich ihm vorerst noch Verschließende, und Heiligung ist Erschließung.

30 »Eine Gesellschaft, die in ihrem Glauben lebt«

Wenn man die Erscheinung des Chassidismus innerhalb der Glaubensgeschichte des Judentums und seine Bedeutung für die allgemeine Religionsgeschichte erfassen will, muß man nicht von seiner

Lehre als solcher ausgehen. Die chassidische Lehre, für sich betrachtet, bringt keine neuen geistigen Elemente, sie stellt nur eine – freilich neu ausgearbeitete, neu formulierte und in einer neuen Einheit komponierte – Auswahl dar, einerseits aus der späten Kabbala, andererseits aus volkstümlichen Traditionen, und auch das Kriterium, das diese Auswahl bestimmt hat, ist kein theoretisches. Das, was die Eigentümlichkeit und die Größe des Chassidismus ausmacht, ist nicht eine Lehre, sondern eine Lebenshaltung, und zwar eine gemeindebildende und ihrem Wesen nach gemeindemäßige Lebenshaltung. Das Verhältnis zwischen der Lehre und der Lebenshaltung ist hier aber keineswegs so beschaffen, daß diese als eine Verwirklichung der Lehre anzusehen wäre; eher ist es umgekehrt die neue Lebenshaltung, die nach einem gedanklichen Ausdruck, nach einer theologischen Ausdeutung drängt, und diesem Bedürfnis eben entstammt zum Teil das Kriterium, das die Auswahl der Elemente bestimmt. Daraus erklärt sich auch die Tatsache, daß der Begründer der chassidischen Theologie, Bär von Mesritsch, den Stifter der chassidischen Bewegung, den Baalschem, nicht seinen Lehrer nennt, obgleich dieser ihn, wie er erzählt, Geheimnisse und »Einungen«, die Sprache der Vögel und die Schrift der Engel gelehrt hat; neue Theologeme hatte er ihm nicht mitzuteilen, aber einen lebendigen Zusammenhang mit Welt und Überwelt. Der Baalschem gehört zu jenen zentralen Gestalten der Religionsgeschichte, die dadurch gewirkt haben, daß sie in einer besonderen Weise *lebten*, nämlich nicht von einer Lehre aus, sondern auf eine Lehre zu, in solcher Weise, daß ihr Leben als eine Lehre wirkte, als eine noch nicht sprachlich erfaßte Lehre. Das Leben solcher Menschen bedarf eines theologischen Kommentars, zu dem ihre eigenen Worte einen Beitrag darstellen, aber einen oft nur ganz fragmentarischen Beitrag, zuweilen auch nur als eine Art Einleitung zu verwenden sind – denn

110

diese Worte sind ihrer Absicht nach ja keineswegs Deutungen, sondern Äußerungen ihres Lebens. An den uns bekannten Worten des Baalschem, soweit wir sie als getreu überliefert betrachten dürfen, ist nicht ihr objektiver, von ihnen ablösbarer Inhalt bedeutend, sondern ihr Charakter von Hinweisen auf ein Leben. Dazu kommt noch zweierlei. Erstens: daß die ganz persönliche Glaubenshaltung, die das Wesen dieses Lebens ausmacht, gemeindebildend wirkt, wohlgemerkt: nicht bundbildend, nicht einen abgesonderten Orden bildend, der abseits von der Öffentlichkeit eine esoterische Lehre hütet, sondern gemeindebildend, eine Gemeinde von Menschen bildend, die in Familie, Stand, öffentlicher Wirksamkeit verbleiben, die einen enger, die anderen loser mit dem Meister verbunden, alle aber in ihrem eigenen, freien, öffentlichen Leben die Ordnung ausprägend, die sie durch den Umgang mit ihm empfangen haben. Worin freilich dies Entscheidende inbegriffen ist, daß er, der Meister, nicht einsam oder mit einer Schar von Jüngern abgesondert, sondern in der Welt und mit der Welt lebt, und daß eben dies, das Leben in der Welt und mit der Welt, zum innersten Kern seiner Glaubenshaltung gehört. Zweitens: daß innerhalb dieser Gemeinde eine Reihe von Menschen mit derselben Art von Leben erstehen, zum Teil vom Meister unabhängig zu verwandter Lebenshaltung gelangt, aber erst durch ihn den entscheidenden Antrieb, die entscheidende Formung empfangend, verschiedener Stufe, sehr verschiedenen Wesens, aber mit eben derselben Grundeigenschaft begabt, daß die Lehre durch ihr Leben weitergetragen wird, zu dem alles, was sie sagen, nur Randbemerkung ist; jedes einzelne ein Leben, das seinerseits Gemeinde bildet, also ein Leben in der Welt und mit der Welt, und eins, das seinerseits wieder Menschen derselben Art im Geiste erzeugt. Solange beides wirksam bleibt, Gemeindebildung und geistige Zeugung von Schülern, die Gemeinden bilden, also weder Absonderung eintritt, noch die Überlieferung abreißt, dauert die Blüte der chassidischen Bewegung, das ist etwa fünf Generationen über den Baalschem hinaus. Die Gemeinden waren keineswegs Gemeinden von Mustermenschen, und auch ihre Führer waren durchaus nicht, was man im Christentum oder im Buddhismus Heilige nennt, aber die Gemeinden waren Gemeinden, und die Führer waren Führer. Die »Zaddikim« dieser fünf Geschlechter ergeben zusammen eine Schar religiöser Persönlichkeiten von einer Vitalität, einer geistigen Mächtigkeit und einer vielfältigen Eigenart, wie sie meiner Kenntnis nach nirgends in der Religionsgeschichte in einem so knappen Zeitraum beisammen waren. Aber das Wichtigste an ihnen ist, daß jeden von ihnen eine Gemeinde umgab, die ein brüderliches Leben lebte und es dadurch leben konnte, daß ein führender Mensch da war, der sie alle einander näherte, indem er sie miteinander dem näherte, woran sie glaubten. In einem sonst – auch im Osten Europas – religiös nicht sehr produktiven Jahrhundert hat die dunkle polnische und ukrainische Judenheit das Größte hervorgebracht, was es in der Geschichte des Geistes gibt, größer als alles einsame Genie in der Kunst und im Gedanken: eine Gesellschaft, die in ihrem Glauben lebt.

Weil dem so ist, weil der Chassidismus in erster Reihe nicht eine Kategorie der Lehre, sondern eine des Lebens bedeutet, ist unsere Hauptquelle zu seiner Erkenntnis seine Legende, und erst nach ihr kommt seine theoretische Literatur. Diese darf zu einem gewissen Teil als Kommentar zu dem gelebten Leben angesehen werden, jene als der Text, wiewohl ein in äußerster Korruptheit überlieferter, in seiner Reinheit unwiederherstellbarer. Es ist töricht einzuwenden, die Legende übermittle uns nicht die Wirklichkeit des chassidischen Lebens. Natürlich ist die Legende keine Chronik, aber sie ist wahrer als die Chronik für den, der sie zu lesen versteht. Es läßt sich zwar aus ihr nicht der tatsächliche Verlauf der Ereignisse rekonstruieren, aber es läßt sich in ihr trotz ihrer Korruptheit das Lebenselement anschauen, in dem sie sich vollzogen haben, das sie empfing und mit naiver Begeisterung erzählte und wieder erzählte.

Von sekundären literarischen Bearbeitungen abgesehen, die sich als solche dem ersten Blick verraten, waltet in diesem Erzählen keine Willkür. Was die Erzähler treibt, ist ein innerer Zwang, dessen Natur die des chassidischen Lebens, des chassidischen blutwarmen Zusammenhangs von Führer und Gemeinde ist. Auch die kühnsten Wundergeschichten sind zumeist nicht das Produkt kalter Erfindung: der Zaddik hatte Unerhörtes getan, mit unerhörter Macht die Seelen verzaubert, sie erfuhren seine Wirkung als ein Wunder, sie konnten sie nicht anders als in der Sprache des Wunders berichten. Man pflegt des weiteren darauf hinzuweisen, daß manche dieser Geschichten weit älteren Ursprungs sind: manches, was von frühtalmudischen Meistern erzählt wird, finden wir hier als Taten von Zaddikim wieder. Aber auch diese krasse Ungeschichtlichkeit hat ihren Anteil an der Wahrheit. Was in der Überlieferung des Vergangenen der beseligenden Gegenwart verwandt war, wurde von dem naiven Sinn, der diese erlebte, ihr eingeflochten – der Gedanke an Fälschung lag fern, die alten Geschichten waren ja allgemein bekannt, vielmehr entstand von selber das Gerücht, der Rabbi habe nun jenes Bekannte von neuem getan, nicht um den ersten Täter nachzuahmen, sondern in vollkommener Spontaneität, weil es eben bestimmte Grundformen der guten Werke gibt. Wie soll sich zum Beispiel die unbändige Lust, hilflosen Geschöpfen beizustehen, unmittelbarer äußern, als wenn der Rabbi zum Gebet der Gemeinde zu spät kommt, weil er ein weinendes Kind beruhigen mußte, oder die innere Freiheit dem Besitz gegenüber radikaler, als wenn der Rabbi vor dem Schlafengehen alle seine Habe für vogelfrei erklärt, damit den Dieben, die in der Nacht kommen könnten, die Last der Sünde fernbleibe? Man wird aber zumeist finden, daß in der Nacherzählung etwas Neues und Charakteristisches hinzugekommen ist. Das Überlieferte war eben seinem Wesen nach ein Vorgang des individuellen Lebens; in die Atmosphäre des Gemeinschaftslebens übertragen wurde es zu etwas anderem.

31 Chassidut

    – Ist Chassidut wohl Frömmigkeit zu nennen?
    – Irdische Züge lernt ich an ihr kennen.

    – So heißt sie Güte dann und Mildigkeit?
    – Da bandst du allzusehr sie in die Zeit.

Dem Himmel nah, ist nah sie dem Getriebe –
Drum deutsche ich sie ein: die Wesensliebe.

Das Wesen liebt der Chassid, liebend hält
Er's fest in Gott, im Menschen, in der Welt.

Die Wesensliebe überall zu suchen
Ging ich einst aus, um sie getreu zu buchen.

In diesem Buch vereint ist, was ich fand,
Ein Traum, ein wahr Geschehn, ein Heimatsland.

32 Beieinander und übereinander

Jaakob Jizchak, der »Jude«, erzählt:

»Wie das ist, wenn Zweie einander freundschaftlich zutrinken und beide fühlen sich einander gleich und keiner meint sich mehr dem andern überlegen, das habe ich erfahren, als ich das Alphabet zu lernen begann. Da sah ich in dem Buch vor mir den Buchstaben Jud, der so sehr einem Punkte ähnelt, und fragte den Lehrer: ›Was ist das für ein Pünktlein?‹ ›Das ist der Buchstabe Jud‹, sagte er. ›Steht so ein Pünktlein‹, fragte ich, ›immer allein oder können auch zwei beisammen stehen?‹ ›Es können auch zwei beisammen stehen‹, sagte er. ›Wie ist es dann aber zu lesen?‹, fragte ich wieder. ›Wenn zwei Juden beisammen stehen‹, sagte er, ›so bedeutet das den Gottesnamen, gesegnet sei Er!‹ Bald darauf sah ich, daß in der Heiligen Schrift am Schlusse jedes Verses zwei Punkte übereinander standen. Ich wußte noch nicht, daß das ein Trennungszeichen war, und hielt auch von diesen beiden Punkten jeden für den Buchstaben Jud. ›Hier‹, sagte ich zum Lehrer, ›steht überall der Gottesname, gesegnet sei Er.‹ ›Nicht doch‹, antwortete der Lehrer, ›merke dir: wenn zwei Juden beieinander stehen, ist das der Gottesname, wenn aber einer über dem andern steht, ist es nicht der Gottesname‹.«

33 Die Erzählung, die erzählt wurde

Rabbi Bunam erzählte: »Einmal, unterwegs, nah bei Warschau, empfand ich, ich müsse eine Geschichte erzählen. Die Geschichte war aber weltlicher Art, und ich wußte, sie würde unter den vielen Leuten, die sich um mich versammelt hatten, nur Lachen erregen. Der Böse Trieb redete mir heftig ab: ich würde all die Leute verlieren, denn wenn ich die Geschichte erzählte, würden sie mich nicht mehr für einen Rabbi halten. Ich aber sprach in meinem Herzen: ›Was hast du dich um die geheimen Bestimmungen Gottes zu sorgen?‹ Und ich gedachte der Worte Rabbi Pinchas' von Korez: ›Die Erlustigungen stammen vom Paradies, sogar die Scherzworte.‹ So verzichtete ich in meinem Herzen darauf, Rabbi zu sein, und erzählte die Geschichte. Die Versammelten brachen in ein großes Lachen aus. Alle, die mir bisher noch ferngeblieben waren, schlossen sich mir an.«

IV Politik – geschichtliche Situation und persönliche Verantwortung

Theodor Herzls »Judenstaat« war 1896 erschienen und hatte die »Judenfrage« zu einer politischen Frage gemacht[1]; von 1897 an steht der Student Martin Buber in der aktiven Parteiarbeit für den sich organisierenden Zionismus. Es stellt sich bald heraus, daß er einen kulturellen, auf die innere Wiedergeburt des jüdischen Volkes zielenden Zionismus meint, im Gefolge der Schriften des ostjüdischen Schriftstellers Achad Ha'Am (Ascher Ginzberg 1856-1927), nicht den politischen der Partei. Das Zerwürfnis mit Herzl und das Ausscheiden aus der politischen Agitation erfolgt bald. Die leidenschaftliche Identifikation mit den Belangen des jüdischen Volkes, die Arbeit an der Belebung des inneren, des geistigen Judentums bleibt freilich; sie wendet sich nur dem Verschwiegensten zu, der jüdischen Mystik.

Von 1909-1919 tritt Buber als Redner an die Öffentlichkeit, um seine Hörer mit der Frage »nach dem Sinn des Judentums für die Juden« zu konfrontieren: ein Prager Studentenverein hatte ihn dazu eingeladen, acht »Reden über das Judentum« sind daraus entstanden; weitere vier stammen aus den Jahren 1947 bis 1951 (»An der Wende«). Buber vertritt öffentlich, und mit bedeutender Wirkung, die geistige Erneuerung des Judentums; er versucht dem jüdischen Leben einen Inhalt zu geben, bis hin zu der Formulierung von 1923: Die Reden handelten »alle vom Judentum als einem Phänomen der religiösen Wirklichkeit«[2].

In der Erschütterung durch den Ersten Weltkrieg ergab sich eine neue Situation, die eine politische Antwort verlangte. Durch das deutsche Vordringen im Osten waren die Ostjuden in das Bewußtsein der deutschen Juden gekommen, – die Briefe etwa Franz Rosenzweigs belegen sein Erstaunen[3]. In Bubers 1916 endlich gegründeter Zeitschrift »Der Jude« – neu, daß die Juden sich *als* Juden zu Worte melden! – hebt bald die Diskussion dieses Faktums an. Vor allem aber hatte Großbritannien in der Balfour-Deklaration 1917 das jüdische Volk als politischen Faktor anerkannt und ihm eine »öffentlich-rechtliche Heimstätte« garantiert. Nun muß um den Aufbau Palästinas, wie man damals noch sagte, gestritten werden. Buber optiert klar für die sozialistische Linie, freilich nicht im Sinne einer sozialistischen Partei, sondern eher von den Frühsozialisten und von Gustav Landauers Auffassung aus[4], dem älteren Freund, der im Verständnis der Mystik Wege gewiesen hatte und der 1919 bei der Niederschlagung der Münchner Revolution ermordet worden war. Bubers lebenslange Auseinandersetzung mit dem Sozialismus ist in dieser Auswahl mit dem letzten Kapitel aus »Pfade in Utopia« (1950) belegt; es faßt sein Verhältnis zur Idee des Sozialismus zusammen und weist auf ihre Bedeutung »für die gegenwärtige Weltstunde« hin.

Auf dem XII. Zionistenkongreß in Karlsbad 1921 spricht Buber für die Arbeiterpartei Hapo'el Hazair, der er sich angeschlossen hat, und kämpft für den bi-nationalen Staat aus Juden und Arabern. Von der Resolution, die er einbringt, und ihrem Schicksal, erzählt der Offene Brief an Judah L. Magnes (s. unten Nr. 37); es bedeutet für Buber eine Niederlage, die »Real-Politiker« setzen sich durch und die Gewalt zwischen den Bevölkerungsgruppen eskaliert, – bis heute[5]. Buber warnt immer wieder vor einem Nationalismus, der das Recht der andern nicht achtet, ganz in der Linie der Propheten Israels, und wie sie wird er von den Macht-Interessen überrollt.

Als die Nationalsozialisten 1933 an die Macht kommen, deklarieren sie die *deutschen* Juden (und später die Juden, wo immer sie sie finden) als *Nur*-Juden[6] und setzen das bürokratisch-brutale System der Ausgrenzung (bis zur Vernichtung) in Gang. Buber stellt sich der Herausforderung: Er vertritt die deutschen Juden, geht sofort daran, ein jüdisches Erziehungs-System aufzubauen und die »Mittelstelle für jüdische Erwachsenenbildung« zu leiten. Durch jüdisches »Lernen«, besonders durch Bibel-Arbeit soll ein Halt geboten und dem Zerbrechen an der nackten Gewalt widerstanden werden. Bis 1938 war es Buber möglich, zu wirken und den inneren Widerstand wachzuhalten; dann engten Redeverbote seine Möglichkeiten ein, und er entschloß sich, nach Palästina auszuwandern.

Als Buber 1951 den Goethe-Preis der Universität Hamburg zugesprochen bekam, entstand in Israel eine heftige Diskussion darüber, ob ein Jude einen deutschen Preis annehmen könne, nach all dem, was in der Nazi-Zeit geschehen war. Buber nahm den Preis an als Zeichen« einer »erstehenden neuen Humanität« (Briefwechsel III, Nr. 241), konnte aber zur Preisverleihung nicht selber in Hamburg sein; die Summe bestimmte er für Zwecke der jüdisch-arabischen Völkerverständigung[7]. Erst 1953, bei der Verleihung des Friedenspreises des Deutschen Buchhandels, nahm Buber öffentlich zu dem zwischen Juden und Deutschen Geschehenen Stellung und wies auf das hin, was Anlaß zur Hoffnung ist.

Es hat viele Vermutungen gegeben, warum Bubers »Der Jude und sein Judentum« (1963) in einem anderen Verlag als in dem der »Werke« erschien; Buber gibt in einem Brief an H.L. Goldschmidt selber eine einfache Erklärung dafür (Briefwechsel III, Nr. 545). Wieviel gerade nach 1933 die jüdische Bildungsarbeit in Deutschland für Buber bedeutete, unterliegt, trotz seiner Einschätzung der Schriften zum Judentum als »Gelegenheitsschriften«, keinem Zweifel (vgl. die große Anm. 2 zu dem Brief Nr. 419, aus Briefwechsel II).

34 Der dreifache Kampf um Israel

(Vorwort von 1963 zu dem Band »Der Jude und sein Judentum«)

Zur Ergänzung der dreibändigen Sammlung meiner »Werke« (Kö-sel-Verlag, München, und Lambert Schneider Verlag, Heidelberg, 1962-1964), von denen der 1. Band »Schriften zur Philosophie«, der 2. »Schriften zur Bibel« und der 3. »Schriften zum Chassidismus« enthält, habe ich in diesem Buche von meinen Reden und Aufsätzen zur jüdischen Sache diejenigen vereinigt, denen ich einige Wichtigkeit für den an dieser Sache interessierten Leser von heute und morgen zuschreiben darf. Zum Unterschied von jener Sammlung habe ich hier auch mehrere frühe Arbeiten aufgenommen, die mir fern gerückt sind, die mir aber in den geschichtlichen Zusammenhang der Sache zu gehören schienen, um die es hier geht.

Man versteht diesen Zusammenhang am besten im Vorgang eines Kampfes, weswegen ich eins der Bücher, in denen diese Aufsätze zuerst aneinander gereiht worden sind, »Kampf um Israel« betitelt habe. Es war und ist dies aber ein Kampf um Israel in dreifachem Sinn. Zum ersten: ein Kampf nach außen, gegen jene Mächte des Zeitalters, die die uneingeschränkte Existenzberechtigung der jüdischen Lebensgemeinschaft, sei es in ihrer Diaspora, sei es in ihrer Zentrierung in der Urheimat, bestritten. Zum zweiten: ein innerer Kampf gegen jene Kräfte im Judentum selbst, die der Errichtung des Zentrums, der Errichtung »Zions«, widerstrebten. Zum dritten aber: ein allerinnerster, ganz wesenhafter Kampf, erst innerhalb der zionistischen Bewegung in der Diaspora, dann, an politischem und wirtschaftspolitischem Realismus zunehmend, mitten im Werk an dem Aufbau des neuen Israel in Palästina. Dieser dritte Kampf, der entscheidungsgewichtigste von allen, steht im Zeichen jenes Wortes (Jes 1,27), in dem sich eine große politische und überpolitische Wahrheit ausspricht: Zion werde durch Gerechtigkeit erkauft werden. »Zion« bedeutet im Munde des Propheten die Verwirklichung eines höchsten Wertes. Nur als solch eine Verwirklichung – das war in dem Spruche eingeschlossen – wird ein neuerbautes Israel dauern. Auf die Situation unserer Zeit angewandt, erschließt sich die geforderte »Gerechtigkeit« als eine doppelte: nach innen als eine soziale, als das Prinzip einer echten Gemeinschaftsstruktur, nach außen als eine nationale, als das Prinzip einer umfassenden Kooperation mit den Nachbarvölkern, gegründet auf die Erkenntnis einer Interessengemeinschaft, die allen Interessengegensätzen weit überlegen ist. Das erste Prinzip und der von ihm bestimmte Kampf richten sich gegen den im innern Leben des Volkes sich auswirkenden Gruppenegoismus, das zweite Prinzip und der von ihm bestimmte Kampf gegen einen horizontlosen Nationalismus, der den Aussichten auf eine große weite Zukunft um eines engen Scheinbestands willen entsagt.

Dieses Buch legt einiges Zeugnis für den Anteil ab, den ich im Lauf von sechs Jahrzehnten an diesem dreifachen Kampf nehmen durfte. Es sei vermerkt, daß das Zeugnis für meinen Anteil an dem dritten und wichtigsten Kampf hier recht unvollständig ausfallen mußte, weil das meiste von dem, was ich zu dem Problem des Verhältnisses zwischen Israel und seinen Nachbarvölkern geredet und geschrieben habe, naturgemäß nicht in deutscher, sondern in hebräischer Sprache abgefaßt war. Diese Äußerungen sind, soweit sie schriftlich vorlagen und soweit sie mir von über die Stunde hinausreichender Bedeutung zu sein schienen, in meinem Buche »'Am we-'olam« (»Volk und Welt«) gesammelt, dem Ernst Simon die Einleitung schrieb.

Mit der Arbeit an dem vorliegenden Band ist es mir vergönnt gewesen, jene Tätigkeit meiner späten Jahre, die ich gern als das Einbringen des Korns in die Scheuer nenne, abzuschließen.

35 Nation, Judentum, Nationalismus

Das Judentum ist nicht eine Nation schlechthin. Es ist auch das, aber es ist noch mehr, denn es hat dazu die ihm eigentümliche Verbundenheit mit einer Glaubensordnung. Da es an Sonderart und Sonderexistenz nicht weniger als irgendeine Nation besitzt, darf es alle Lebensrechte einer solchen beanspruchen. Aber wir müssen dessen eingedenk bleiben, daß es doch eine res sui generis ist, die den Allgemeinbegriff, unter den man sie einreihen möchte, an einem Punkt von wesentlicher Bedeutung übergreift.

Zum Volk wurde das Judentum einst in seiner plastischen Stunde durch ein großes knetendes Schicksal, die Befreiung der Stämme aus Ägypten. Zur Nation ist es durch eine große innere Umwandlung geworden, in deren Verfolge die Konzeption des Herrschertums Gottes ihre vorerst endgültige politische Form in dem »gesalbten«, das ist gottesstatthalterlichen Königtum gewann.

Vom Beginn der Diaspora an tritt die Einzigartigkeit des Judentums in einer besondern Weise hervor: es sind nicht, wie bei andern Völkern, die nationalen Kräfte selber, die die eigentliche Bürgschaft der Volksdauer übernehmen, sondern dies tut jene Gewalt, von der ich sagte, daß sie das Judentum zu mehr als einer Nation macht, die dem Volkstum verbundene Glaubensordnung. Das zunehmende Nachlassen dieser innern Sicherung von der Zeit der französischen Revolution an, das Wurzeloswerden der jüdischen Religion ist der Kern der Erkrankung, als deren Anzeiger dann um die Mitte des 19. Jahrhunderts der jüdische Nationalismus auftritt – der jedoch immer wieder in »Säkularisierungs«-Tendenzen verfällt und damit sein Ziel verkennt: nicht ein endgültiges Auseinandertreten von Volkstum und Glaubensordnung, sondern nur eine *neue*, organisch erneute Ordnung beider kann Israels Heilung und Heil sein.

Die Heilung führt über den Aufbau einer jüdischen Volksgemeinschaft in Palästina, die der jüdische Nationalismus in seiner folgerichtigen Gestalt anstrebt. Wir müssen aber dessen eingedenk bleiben, daß das Judentum in den Jahrtausenden seiner Diaspora nicht als eine der Nationen, sondern als die res sui generis »Judentum« nach Erez Israel verlangt hat, aus Antrieben und mit Intentionen, die sich aus der Kategorie der Nation allein nicht ableiten lassen. Jenes Urverlangen beharrt hinter allen Verkleidungen, die das moderne nationale Judentum dem modernen abendländischen Nationalismus entliehen hat. Die der eignen Einzigkeit vergessende Übernahme der Schlagworte und Parolen eines glaubensordnungslosen Nationalismus bedeutet nichts anderes als eine nationale Assimilation.

Sofern er sich von dieser ihm wesensfremden Sprache fernhält, hat der jüdische Nationalismus eine besonders hohe, besonders klare Legitimität. Es ist der Nationalismus eines schollenlosen Volkes, eines Volkes, das sein Land verlor und diesen fundamentalen Mangel, den erst das Wurzelloswerden seiner Glaubensordnung ihm zum unbarmherzigen Volksbewußtsein gebracht hat, nun in entscheidender Stunde beheben will: es will sein heilignatürliches Leben zurückgewinnen.

Man mag hier danach fragen, wie es sich in diesem Zusammenhang mit der jüdischen Auserwählungsidee verhalte. Sie meint kein Überlegenheitsgefühl, sondern ein Bestimmungsgefühl, sie geht nicht aus von einem Sich-mit-andern-vergleichen, sondern von der nicht seitwärts schielenden Hingebung an die Aufgabe – an eben jene Aufgabe, an deren frühen Erfüllungsversuchen einst das Volk zur Nation erwuchs. Sie ist von den Propheten geformt worden, die nicht abließen zu mahnen: Wenn ihr auf die Erwählung pocht und euch ihrer berühmt, statt sie zu verwirklichen, wenn ihr euch aus ihr einen Gegenstand zurechtmacht, statt ihr als Weisung zu gehorchen, geht ihr ihrer verlustig.

Wie steht es nun um die Gegenwart des jüdischen Nationalismus? Wir – ich meine jenen Kreis von Menschen, dem ich von Jugend auf angehöre und der sein Teil an der Erziehung des Volks zu üben versucht hat und weiter versucht –, wir haben zur Umkehr gerufen, nicht zum Dünkel, zur Heilung, nicht zur Durchsetzung. Wir haben den jüdischen Nationalismus ausgerüstet mit einem nicht von uns geschmiedeten Rüstzeug: mit dem Bewußtsein einer einzigartigen Geschichte, einer einzigartigen Situation, einer einzigartigen Verpflichtung, die von dem Übernationalen her allein zu fassen sind und, wo immer sie ernst genommen werden, ins Übernationale weisen. So hofften wir ihn vor den Verirrungen der Volksvergötzung zu bewahren. Das ist uns nicht geglückt. Der jüdische Nationalismus ist zu einem großen Teil daran, sich auf den Weg »aller Völker« zu begeben, wo man nur noch sich gegen die Welt und nicht auch die Welt gegen sich behauptet. Auch er ist vielfach dem Trug verfallen, den Horizonthimmel, den man vom eignen Platz aus erblickt, für den Himmel zu halten. Auch er vergeht sich gegen das Wort der über allen Volksgemeinschaften aufgerichteten Gesetzestafel, daß jede Souveränität falsch und eitel wird, die nicht dem Souverän der Welt, der auch der Souverän meines Rivalen und meines Feindes ist, in allem Kampf um das Recht doch untertan bleibt. Er vergißt, von den Zwecksetzungen der »gesunden Selbstsucht« zu dem Herrn aufzublicken, der »die Kinder Israel aus Ägypten geführt hat *und* die Philister aus Kaftor *und* die Aramäer aus Kir.«

36 Zweierlei Zionismus

(Mai 1948)

Es gibt von den Anfängen des modernen Zionismus an zwei Grund-
tendenzen in ihm, die zu einander in einem bis in die Tiefe der
menschlichen Existenz reichenden Gegensatz stehen. Dieser Gegensatz ist lange nur als ein ideeller empfunden worden, aber mit der
wachsenden Konkretheit der politischen Situation und der von ihr
erforderten Entscheidungen ist er immer realer geworden, bis er in
den letzten Jahren eine bestürzende Aktualität gewann.

Man kann die beiden Tendenzen in ihrem Ursprung als zwei
verschiedene Interpretationen des Begriffs »Wiedergeburt« erfassen.

Die eine verstand unter »Wiedergeburt«, daß von neuem ein
echtes Israel aufkomme, in dem nicht, wie auf dem Wüstengang
des Exils, Geist und Leben nebeneinander bestehen, jedes von
beiden ein Bezirk eignen Gesetzes, sondern der Geist sich das Leben
baut wie sein Haus, ja wie sein Fleisch. Mit Wiedergeburt ist hier
somit nicht ein gesicherter Fortbestand des Volkes anstatt des bisherigen ungesicherten gemeint, sondern eine Existenz der Verwirklichung anstatt der bisherigen, in der unverwirklichte Ideen und
ideenlose Wirklichkeit einander stießen.

Die andere Tendenz verstand unter »Wiedergeburt« einfach: Nor-
malisierung. Zu einem »normalen« Volk gehören Land, Sprache und
Selbständigkeit; diese müssen wir wiederbekommen, alles andere
braucht uns nicht zu bekümmern, das wird sich schon von selber fügen. Wie die Menschen in dem Land miteinander leben, was die
Menschen in dieser Sprache sagen, in welchem Verhältnis diese Selbständigkeit zur übrigen Menschenwelt steht, das gehört gar nicht zum
Kapitel der Wiedergeburt. Werde normal und du bist wiedergeboren!

Diese beiden Tendenzen sind im Grunde nur eine neue Gestalt jener zwei, die schon einst in der Frühzeit Israels wider einander standen: das mächtige Bewußtsein der Aufgabe, im ganzen Volksleben, nach innen und nach außen, Wahrheit und Gerechtigkeit zu erfüllen und damit der Menschenwelt Vorbild und Anleitung zu werden, und das natürliche, nur allzu natürliche Verlangen, »wie alle Völker« zu sein. Es ist damals den Juden nicht gelungen, normal zu werden.

In dieser Stunde scheint es ihnen in einem furchtbaren Maße zu gelingen.

Nie im Lauf unserer Geschichte waren Geist und Leben so fern voneinander wie jetzt in dieser Epoche der »Wiedergeburt«. Oder will man etwa die kollektive Selbstsucht, die kein höheres Kriterium anerkennt und sich keinem höheren Gebote beugt, als »Geist« bezeichnen? Wo werden hier noch, nach außen und nach innen, Wahrheit und Gerechtigkeit zur Richtschnur des Handelns genommen? (Ich sage auch »nach innen«, denn Verrohung nach außen führt unausweichlich zur Verrohung nach innen.) Dieser »Zionismus« entweiht den Namen Zion; er ist nichts mehr als einer der krassen Nationalismen unserer Zeit, die keine höhere Autorität als das – vermeintliche! – Interesse der Nation anerkennen. Damit aber entpuppt er sich als eine Form der *nationalen Assimilation*, die gefährlicher ist als jede individuelle war, denn diese verdarb nur die sich assimilierenden Einzelnen und Familien, die nationale aber zersetzt den Wesenskern Israels.

Aus der klaren Erkenntnis der einander gegenüberstehenden Tendenzen ergibt sich aber auch die der praktischen Grundfrage, an die wir geraten, wenn wir die Wurzeln all unserer politischen Tagesprobleme aufgraben.

Die Tendenz der Verwirklichung sagte: Wir wollen zum Boden

zurück, um die natürlichen Voraussetzungen eines den Geist verwirklichenden Volkslebens zu gewinnen. Wir wollen nicht zu irgendeinem Boden, sondern zu dem zurück, dem wir entstammen, weil wir nur von ihm eine erneute Wirkung jener geschichtlichen und übergeschichtlichen Kräfte erwarten dürfen, die Geist an Leben und Leben an Geist binden. Dieser Boden ist heute nicht menschenleer, wie er es damals nicht war, als ihn unser Volk, aus der Wüste vordringend, betrat. Aber heute betreten wir ihn nicht als Eroberer. Einst mußten wir ihn erobern, weil damals seine Bevölkerung in ihrem Wesen dem Geiste »Israels« widerstrebte: die Gefahr der »Baalisierung«, das heißt, der Unterwerfung des Geistes unter die Herrschaft der Triebe, ist ja auch durch die Eroberung nicht völlig beseitigt worden. Heute brauchen wir den Boden nicht zu erobern, weil unserem geistigen Wesen und unseren Lebensformen von der Seite der gegenwärtigen Bevölkerung des Landes keine Gefahr droht. Anders als in der Urzeit dürfen wir mit dem jetzt darin ansässigen Volk einen Bund schließen, um gemeinsam mit ihm das Land zum Vorland Vorderasiens zu entwickeln – zwei selbständige Völker gleichen Rechtes, jedes Herr in seiner Gesellschaft und Kultur, aber beide vereint in dem gemeinsamen Werk der Erschließung und Produktivierung an der gemeinsamen Heimat und in der gemeinsamen föderativen Verwaltung der gemeinsamen Geschäfte. Mit diesem Bund wollen wir wieder in den Verband der Völker Vorderasiens eintreten, vorderasiatische Wirtschaft aufbauen, vorderasiatische Politik führen und, wenn es die Gnade will, wieder von Vorderasien aus die lebendige Idee in die Welt aussenden. Und der Weg dazu? Arbeit und Friede – ein auf der gemeinsamen Arbeit aufgebauter Friede.

Dem stellte die andere Tendenz, die nach bloßer Sicherheit, eine einzige Forderung gegenüber: Souveränität. Diese Forderung wurde nacheinander in zwei verschiedenen Formen kundgetan und vertreten. Die erste kristallisierte sich um den »demokratischen« Begriff der Majorität: es sollte eine jüdische Majorität in einem palästinensischen Gesamtstaat angestrebt werden. Daß dieses Programm offenen Kampf mit den Nachbarn und somit auch mit der arabischen Welt überhaupt bedeutete, war offenbar: welches Mehrheitsvolk würde sich kampflos in den Status einer Minderheit niederdrücken lassen! Als das Programm sich als illusorisch herausgestellt hatte, wurde es durch ein separatistisches ersetzt: Losreißung, und im losgerissenen Teil wieder Majorität; das hieß »Judenstaat«. Man opferte so leichten Herzens die Ganzheit des Landes, das zu »erlösen« der Zionismus einst ausgezogen war: wenn man nur einen Staat, eine Souveränität bekam! Der Lebensbegriff »Selbständigkeit« wurde durch den Machtbegriff »Souveränität« ersetzt, die Friedensparole durch eine Kampfparole. Und diese in einer Zeit, in der die Souveränität der kleinen Staaten im Eiltempo entwertet wird! Statt danach zu streben, die Initiativgemeinschaft im Rahmen eines vorderasiatischen Verbandes zu werden, setzte man sich ein Staatlein zum Ziel, das Gefahr lief, in einem steten Gegensatz zu seiner natürlichen geopolitischen Umgebung zu leben und seine besten Kräfte an militärische, statt an soziale und kulturelle Werte hergeben zu müssen.

Das ist die Forderung, um die heute Krieg geführt wird.

Als ich vor 50 Jahren um der Wiedergeburt Israels willen mich der zionistischen Bewegung anschloß, tat ich es mit einigem Herzen. Heute geht durch mein Herz ein Riß. Ein Krieg um politische Struktur droht ja immer, in einen Krieg um die nationale Existenz umzuschlagen. Darum kann ich gar nicht anders als an ihm mit meiner eigenen Existenz teilzunehmen, und mein Herz bebt heute wie das Herz jedes jüdischen Menschen. Aber auch einem Sieg entgegen vermag ich mich nicht zu freuen, denn ich fürchte, daß ein Sieg der Juden eine Niederlage des Zionismus bedeuten wird.

37 Ein Erlebnis

Jerusalem, Juli 1947

Lieber Dr. Magnes!
Dieser Brief, den ich Ihnen schreibe, ist persönlich. Die Öffentlichkeit soll ihn kennen lernen; ich wünsche, daß unsere Freunde ihn lesen. Und doch soll er ein persönlicher Brief sein; denn das, was ich Ihnen sagen möchte, berührt die Tiefen meiner Seele, und ist wert in die Tiefen Ihrer Seele zu sinken. […]

Vor vielen Jahren, als ich auf dem Zionistenkongreß für einen jüdisch-arabischen Bund kämpfte, hatte ich ein Erlebnis, das mich erschreckte und mein späteres Leben bestimmen sollte. Ich hatte einen Resolutionsantrag entworfen, der die Gemeinsamkeit der Interessen der beiden Völker betonte und den Weg für eine Zusammenarbeit zwischen ihnen aufwies, – der einzige Weg, der zum Heil des Landes und seiner beiden Völker führen kann. Bevor die Resolution dem Kongreß zur Bestätigung vorgelegt wurde, kam sie vor ein Redaktionskomitee, das die endgültige Formulierung festlegen sollte. Natürlich nahm ich an diesem Komitee teil. Da geschah etwas, was für einen Berufspolitiker etwas durchaus Gewohntes und Selbstverständliches ist, mich jedoch so erschreckte, daß ich mich bis heute nicht völlig an jenem Tag erholen konnte. In dem Redaktionskomitee, das zum großen Teil aus alten Freunden von mir bestand, schlug man eine kleine Änderung und noch eine kleine

Änderung und dann noch eine Änderung vor … Jede einzelne hatte scheinbar keine entscheidende Bedeutung, und alle wurden ausdrücklich damit begründet, daß man die Resolution für den Kongreß annehmbar formulieren müsse. Immer wieder hörte ich die Worte: »Kommt es Ihnen nur auf eine Demonstration an oder wollen Sie, daß der Kongreß den Grundsatz der jüdisch-arabischen Zusammenarbeit annimmt, sich zu eigen macht und dafür kämpft? Wenn Sie letzteres wollen, so müssen Sie den kleinen Änderungen zustimmen.« Natürlich kam es mir nicht nur auf eine Demonstration an, ich wollte einen Wandel in der Haltung der zionistischen Bewegung in der Araberfrage zustande bringen; darum rang ich jeweils um meinen Textvorschlag, aber ich gab auch immer wieder nach und verzichtete, wenn die Sache davon abhing. Als das Redaktionskomitee seine Arbeit beendet hatte und mir der vereinbarte Textvorschlag in Reinschrift ins Hotel gebracht wurde, sah ich zwar eine Reihe von schönen und überzeugenden Sätzen, aber das Mark und Blut meiner ursprünglichen Forderung waren nicht mehr darin. Ich habe die Sache angenommen und gab meine Zustimmung, die Resolution vor den Kongreß zu bringen. Ich habe mich damit begnügt, in einer persönlichen Erklärung, die der Vorlesung der Resolution und der Abstimmung vorausging, die *grundsätzliche Wende* zu betonen, die ich mit meinem Antrag beabsichtigt hatte. Aber ich fühlte: meine Rolle als »Politiker«, d.h. als jemand, der an der politischen Aktivität einer Gruppe teilnimmt, war ausgespielt. Ich hatte eine Sache begonnen und mußte sie zu Ende führen; ich durfte keine neue Sache anfangen, wobei ich wieder vor die Wahl zwischen Wahrheit und Verwirklichung gestellt würde. Von nun an hatte ich auf »Resolutionen« zu verzichten und mich mit »persönlichen Reden« zu begnügen.

So gingen viele Jahre vorüber – bis ich nach Erez Israel kam und sah, wie Sie, mein Freund, dasselbe radikale Streben nach jüdisch-arabischer Zusammenarbeit zu fördern suchten, das schließlich die Form unseres Ichud annahm. Dadurch daß Sie das taten und wie Sie es taten, haben Sie mir ein großes Lebensgeschenk gemacht: Sie haben es mir ermöglicht, wieder im Rahmen und im Namen einer politischen Gruppe politisch zu wirken, ohne die Wahrheit zu opfern. Sie verstehen, was ich meine. Es geht mir nicht um die Reinheit und die Rettung meiner Seele; wenn ich den Fall annehme – der nach dem Wesen der Dinge unmöglich ist –, daß ich zwischen der Rettung meiner Seele und dem Heil meines Volkes zu wählen hätte – so weiß ich, daß ich nicht zögern würde.

Es handelt sich nur darum, daß ich die Wahrheit nicht verletzen darf, seit ich zu der Erkenntnis kam, daß die Wahrheit das Siegel Gottes [Talmudisches Zitat: Traktat Sabbath 55 a.] ist, während wir das Wachs darstellen, in das dieses Siegel sich einzuprägen strebt. Je älter ich werde, desto klarer wird mir das, und ich fühle, daß wir hierin Brüder sind; denn auch Ihnen wird das von Tag zu Tag deutlicher. Aber da wo wir stehen, gibt es natürlich schon längst keine Wahl mehr: zwischen der Wahrheit Gottes und dem Heil Israels kann es keinen Gegensatz geben.

Uns, denen es vergönnt ist, mit Ihnen zusammenzuarbeiten, vereinigt sich der Dank für alles, was wir von Ihnen empfangen haben, mit dem Segenswunsch, daß die Einheit von Wahrheit und Heil, die Ihr Herz erfüllt, auf die Welt ausstrahlen möge, bis das Licht den Nebel des Widerstandes durchbrechen und endgültig überwinden wird.

38 Ostjuden – Westjuden

(aus einem Gespräch mit Werner Kraft)

9.5.1962

Wir sprechen über Theorie der Übersetzung, dann über die Feind-
schaft zwischen Ostjuden und Westjuden in Deutschland und Öster-
reich von 1900 bis 1914 und in diesem Zusammenhang über Hof-
mannsthals Jugendbrief an den Vater, in dem er von seiner Einquar-
tierung als Soldat in Galizien »bei stinkenden Juden« schreibt. Das
ist scheußlich, aber so haben damals auch viele Juden gedacht, von
einer kleinen zionistischen Opposition abgesehen. Ich hatte Buber
von dem Buch über Fanny von Arnstein von Hilde Spiel erzählt,
wo jener Brief zitiert ist. Darauf erzählte er mir, daß Wassermann
um 1914 einen Aufsatz *gegen* die Ostjuden geschrieben hat. Nach
einem Zusammensein in Berlin hat Buber ihm beim Abschied
gesagt: »Diesen Aufsatz verarge ich Ihnen sehr.« Darauf Wassermann
ärgerlich: »So, das verargen Sie mir?!« Und Buber: »Ja, das verarge
ich Ihnen.« Darauf haben sie sich nie mehr gesehen.

39 Warum Buber den Goethepreis annimmt

Los Angeles, 25.1.1952

Sehr verehrter Herr Professor Snell –
Vielen Dank für Ihren Brief vom 8., dessen erster Absatz mir
Bestätigung und Zuspruch bedeutet, wie sie einem in dieser Stunde
der Entstehung einer »Querfront« für den kommenden Geisteskampf
besonders wertvoll sein müssen.

Den so freundlicherweise erneut geäußerten Wunsch, daß ich hinkomme und bei einer Feier spreche, kann ich leider nicht erfüllen. Die technischen Schwierigkeiten sind, da alle Termine für meine Heimreise längst aus wichtigen Gründen festgelegt sind, zu groß. Doch möchte ich Ihnen persönlich nicht vorenthalten, daß ein anderes und wesentliches Motiv mitspricht. So sehr es mir gewährt ist, in jeder echten Begegnung mit einem deutschen Menschen ihn als Person rückhaltlos anzunehmen, und demgemäß auch, mit jedem aus solchen Personen gebildeten Kreis zu kommunizieren, so ist es mir doch bisher nicht möglich geworden, die seit den Vorgängen von 1938 ff. für mich bestehende Antlitzlosigkeit der deutschen Öffentlichkeit zu überwinden. Ein nicht durch intentionale Auslese zusammengeschlossenes Publikum, wie etwa die Studentenschaft einer Hochschule, erfüllt für mich die unerläßliche Voraussetzung nicht, unter der allein ich öffentlich zu sprechen vermag: jedes Gesicht, dem ich mich zuwende (und ohne solche immer neue Zuwendung kann ich überhaupt nicht reden), als das meines rechtmäßigen Gegenüber betrachten zu dürfen. Unter den Lasten, die mir die Geschichte dieser Zeit auferlegt hat, empfinde ich diese als eine der schwersten; mindern läßt sich ihr Gewicht bislang nicht. Ich glaube, auf Ihr Verständnis, verehrter Herr Snell, rechnen zu können.

40 Das echte Gespräch und die Möglichkeiten des Friedens

(Ansprache anläßlich der Verleihung des Friedenspreises des deutschen Buchhandels, 1953)

Ich kann meinen Dank an den deutschen Buchhandel für die mir erwiesene Ehrung nicht aussprechen, ohne zugleich darzulegen, in welchem Sinn ich sie, ebenso wie den mir vorher von der Universität Hamburg verliehenen Hansischen Goethepreis, angenommen habe.

Vor einem Jahrzehnt etwa hat eine erhebliche Anzahl deutscher Menschen – jedenfalls mehrere Tausend – auf den indirekten Befehl der deutschen Reichsregierung, auf den direkten Befehl von deren Beauftragten, Millionen meiner Volks- und Glaubensgenossen umgebracht, in einer systematisch vorbereiteten und durchgeführten Prozedur, der an organisierter Grausamkeit kein früherer geschichtlicher Vorgang zu vergleichen ist. Ich, einer der am Leben Gebliebenen, habe mit denen, die an jener Handlung in irgendeiner Funktion teilgenommen haben, die Dimension des menschlichen Daseins nur zum Scheine gemein; sie haben sich dem menschlichen Bereich so dimensional entrückt, so in eine meinem Vorstellungsvermögen unzugängliche Sphäre der monströsen Unmenschlichkeit versetzt, daß nicht einmal ein Haß, geschweige denn eine Haß-Überwindung in mir hat aufkommen können. Und was bin ich, daß ich mich vermessen könnte, hier zu »vergeben«!

Anders verhält es sich mit dem deutschen Volke. Ich habe von Jugend an die reale Existenz von Völkern aufs höchste ernst genommen, aber nie habe ich mir in der Sicht irgendeines geschichtlichen Moments, eines gewesenen oder eines gegenwärtigen, die in diesem

Moment im Innern eines Volkes bestehende konkrete Vielfältigkeit, die bis zur Gegensätzlichkeit geht, seine konkrete innere Dialektik, durch den nivellierenden Begriff einer so und so beschaffenen, so und so handelnden Gesamtheit verdunkeln lassen. Wenn ich an das deutsche Volk der Tage von Auschwitz und Treblinka denke, sehe ich zunächst die sehr vielen, die wußten, daß das Ungeheure geschah, und sich nicht auflehnten; aber mein der Schwäche des Menschen kundiges Herz weigert sich, meinen Nächsten deswegen zu verdammen, weil er es nicht über sich vermocht hat, Märtyrer zu werden. Sodann taucht vor mir die Menge all derer auf, denen das der deutschen Öffentlichkeit Vorenthaltene unbekannt blieb, die aber auch nichts unternahmen, um zu erfahren, welche Wirklichkeit den umlaufenden Gerüchten entsprach; wenn ich diese Menge im Sinne habe, überkommt mich der Gedanke an die mir ebenfalls wohlbekannte Angst der menschlichen Kreatur vor einer Wahrheit, der sie nicht standhalten zu können fürchtet. Zuletzt aber erscheinen die mir aus zuverlässigen Berichten an Angesicht, Haltung und Stimme wie Freunde vertraut Gewordenen, die sich weigerten, den Befehl auszuführen oder weiterzugeben und den Tod erlitten oder ihn sich gaben, oder die erfuhren, was geschah, und sich dagegen auflehnten und den Tod erlitten, oder die erfuhren, was geschah, und weil sie nichts dawider unternehmen konnten, sich den Tod gaben. Ich sehe diese Menschen ganz nah vor mir, in jener besonderen Intimität, die uns zuweilen mit Toten, und mit ihnen allein, verbindet; und nun herrscht in meinem Herzen die Ehrfurcht und die Liebe zu diesen deutschen Menschen.

Jetzt aber nötigt mich etwas, aus der Erinnerung in die Gegenwart zu treten; und da umrauscht mich all die Jugend, die in der Zeit seit jenen Vorgängen herangewachsen ist und an dem großen Verbrechen keinen Anteil hat. Diese Jugend, die heute doch wohl die eigentlichste Lebendigkeit des deutschen Volkes ist, zeigt sich mir in einer gewaltigen inneren Dialektik. Ihr Kern ist als Kern in einen inneren Kampf einbezogen, der zumeist gleichsam unterirdisch verläuft und nur von einer Zeit zur andern an die Oberfläche tritt. Dieser aber ist nur ein Teil, und zwar der immerhin schon deutlichste Teil des großen Innenkampfes, der heute in allen Völkern, in der Herzgrube jedes Volkes, mehr oder weniger bewußt, mehr oder weniger leidenschaftlich gekämpft wird. Die Rüstung zur Endschlacht des homo humanus gegen den homo contrahumanus hat in der Tiefe angehoben; aber die Front zerfällt in so viele Einzelfronten, als es Völker gibt, und die an einer Einzelfront stehen, wissen meist nichts von den anderen Einzelfronten. Noch deckt Dämmerung den Kampf, von dessen Verlauf und Ausgang es wohl abhängt, ob aus dem Geschlecht der Menschen trotz allem doch eine Menschheit wird. Der sogenannte kalte Krieg zweier riesenhafter Staatengruppen mit all seinen Nebenwerken verdeckt noch die wahre Kampf-Pflicht und -Solidarität, deren Linie quer durch alle Staaten und Staatsvölker geht, gleichviel, wie diese ihr Regime benennen; aber der Blick für die tiefere Wirklichkeit, für die wahre Not und Gefahr ist im Wachsen. In Deutschland, vornehmlich in der deutschen Jugend, trotz all ihrer Zerrissenheit, habe ich mehr davon gefunden als sonstwo. Die Erinnerung an die zwölfjährige Herrschaft des homo contrahumanus hat hier den Geist wacher und des ihm als Geist aufgetragenen Werkes bewußter gemacht, als es vordem war.

Kundgebungen wie die Erteilung des Hansischen Goethepreises und des Friedenspreises des deutschen Buchhandels an einen überlebenden Erzjuden wollen in diesem Zusammenhang verstanden werden; auch sie sind Momente im Ringen des Menschengeistes gegen die Dämonie des Untermenschlichen und Widermenschli-

chen. Der Überlebende, an dem sich solche Kundgebungen voll-
ziehen, ist in die hohe Pflicht der Querfront-Solidarität genommen:
Solidarität aller Teilscharen in dem entbrennenden Kampf um das
Werden einer Menschheit. Diese Pflicht ist in der gegenwärtigen
Stunde die höchste Erdenpflicht. Ihr zu gehorchen lag dem zum
Symbol erwählten Juden auch da, gerade da ob, wo das nie zu
tilgende Gedächtnis dessen, was geschehen ist, sich dawider stellte.
Denn wenn er vor kurzem dem über alles hinaus sieghaft wirkenden
Geiste Goethes dankte und heute dem Friedensgeist dankt, der
immer wieder und jetzt wie je aus Büchern deutscher Zunge zur
Welt spricht, bedeutet sein Dank sein solidarisches Bekenntnis zum
gemeinsamen – auch Deutschen und Juden gemeinsamen – Kampf
gegen das Widermenschliche und die Entgegnung auf ein vernom-
menes Gelübde von Kämpfern.

41 In der Krisis

Das Wesentliche unter allem, wodurch der Mensch einst gleichsam
aus der Natur hervortrat und, trotz seiner Schwäche als Naturwesen,
sich ihr gegenüber behauptete, wesentlicher noch als das Machen
einer »technischen« Welt aus spezifisch geformten Dingen, war, daß
er sich mit seinesgleichen zu Schutz und Jagd, zu Sammeln und
Arbeit zusammentat, und zwar so, daß er dabei, in einem gewissen
Maße schon von Anbeginn und sodann immer mehr, die andern,
jeden Einzelnen, sich gegenüber als selbständige Wesen sah und so
sich mit ihnen verständigte, sie anredete und sich von ihnen anreden
ließ. Dieses Bild einer »sozialen« Welt aus von einander zugleich

abhängigen und unabhängigen Personen unterschied sich der Art nach von allen ähnlichen Unternehmungen der Tiere, ebenso wie die technische Arbeit des Menschen der Art nach von allen ähnlichen Werken der Tiere sich unterschied. Auch Affen bedienen sich etwa eines vorgefundenen Steckens als Hebel, Grabstock oder Waffe; aber das geschieht nur von der Gelegenheit aus, sie vermögen nicht ein Gerät als so und nicht anders beschaffenen und für sich dauernden Gegenstand zu konzipieren und herzustellen. Und ebenso leben manche Insekten in streng arbeitsteilig aufgebauten Gesellschaften; aber eben diese Arbeitsteilung ist es, die ihr Verhältnis zueinander gänzlich bestimmt, sie sind alle gewissermaßen Werkzeuge, nur daß ihre eigene Gesellschaft es ist, die sich ihrer zu ihren »instinktiven« Zwecken bedient; es fehlt die Improvisation, das wenn auch noch so bescheidene Maß gegenseitiger Unabhängigkeit, die Möglichkeit, immer wieder einander »frei« zu betrachten, und damit das Verhältnis von Person zu Person. Wie die spezifische technische Schöpfung des Menschen die Verleihung von Selbständigkeit an Dinge bedeutet, so bedeutet seine spezifische soziale Schöpfung die Verleihung von Selbständigkeit an Wesen seiner Gattung. Von diesem dem Menschen allein Eigenen aus ist sein Weg mit all seinem Auf und Nieder zu erfassen, und damit auch unser eigener Punkt auf diesem Weg, unsre besondre große Krisis.

In der seitherigen Entwicklung des Menschengeschlechts als solchem herrscht diese Linie vor, die Linie der Bildung und Umbildung von Gemeinschaften aus wachsender persönlicher Selbständigkeit, ihrer gegenseitigen Anerkennung und dem Zusammenwirken auf dieser Grundlage. Die zwei wichtigsten Schritte, die der Mensch der Frühzeit auf seinem Weg zur menschlichen Gesellschaft gemacht hat, sind noch einigermaßen festzustellen. Der eine ist, daß innerhalb der einzelnen Sippe in einer primitivsten Art von Arbeitsteilung die

Personen in der besonderen Eignung einer jeden erkannt und verwendet wurden, wodurch die Sippe immer mehr den Charakter eines immer erneuerten Zusammenschlusses von Trägern verschiedener Funktionen bekam; und der zweite, daß verschiedene Sippen sich unter gewissen Bedingungen und Voraussetzungen miteinander zu Nahrungssuche und Kampfzügen zusammentaten und ihre gegenseitige Hilfe in immer festeren Bräuchen und Gesetzen verdichteten, und daß nun, wie dort zwischen Personen, so nun zwischen Gemeinschaften Verschiedenheit des Wesens und der Funktion erkannt und anerkannt wurde. Wo seither sich echte menschliche Gesellschaft entwickelte, geschah es auf denselben Grundlagen der funktionalen Selbständigkeit, der gegenseitigen Anerkennung und der gegenseitigen Verantwortung, – der individuellen und der kollektiven. Wohl zweigten sich Machtzentren verschiedener Art ab, die die gemeinsame Ordnung und Sicherheit organisierten und verbürgten; aber der politischen Sphäre im engeren Sinn, dem Staat mit seiner Polizeigewalt und seiner Bürokratie, stand die organisch-funktional gegliederte Gesellschaft gegenüber, eine aus mannigfachen Gesellschaften aufgebaute Gesellschaft, in der gelebt und geschaffen wurde, in der man miteinander rang und einander half, und in jeder der kleinen und großen Gesellschaften, aus denen sie zusammengesetzt war, in jeder dieser Gemeinden und Genossenschaften fühlte sich die menschliche Person trotz aller Schwierigkeiten und Konflikte zu Haus wie in der Sippe, sie fühlte sich in ihrer eigenen funktionellen Selbständigkeit und Verantwortung bejaht und bestätigt.

Das hat sich in dem Maße geändert, als das zentralistische politische Prinzip das dezentralistische gesellschaftliche sich unterwarf. Dabei war nicht dies das Entscheidende, daß der Staat, besonders in seinen mehr oder weniger totalitären Formen, die freien Verbände zunehmend schwächte und verdrängte, sondern, daß das politische *Prinzip* in seiner zentralistischen Ausprägung in die Verbände eindrang, ihre Struktur und ihr inneres Leben umwandelte und so die Gesellschaft selbst immer mehr politisierte. Daß die Gesellschaft sich solchermaßen dem Staate anpaßte, ist durch den Umstand gefördert worden, daß, infolge der modernen Wirtschaftsentwicklung mit ihrem geordneten Chaos, des Kampfs aller gegen alle um den Zugang zu den Rohstoffen und um einen breiteren Platz am Weltmarkt, an Stelle der alten Gegensätze zwischen den Staaten Gegensätze zwischen den Gesellschaften selber getreten waren. Die einzelne Gesellschaft, die sich nicht mehr bloß durch die Angriffslust der Nachbarn, sondern auch durch den allgemeinen Stand der Dinge bedroht fühlte, wußte sich keine Rettung mehr als in der vollkommenen Unterwerfung unter das Prinzip der zentralisierten Macht; sie machte es, in demokratischen Formen nicht viel weniger als in totalitären, zu ihrem eigenen Prinzip. Überall kam es nur noch auf lückenlose Organisation der Kräfte, auf fraglose Befolgung der Parolen, auf Durchsetzung des wirklichen oder vermeintlichen Staatsinteresses durch die gesamte Gesellschaft an. Und damit geht eine innere Entwicklung zusammen. In dem ungeheuren Wirrwarr des modernen Lebens, der durch den zuverlässig funktionierenden Wirtschafts- und Staatsapparat nur notdürftig verdeckt wird, klammert sich der Einzelne an das Kollektiv. Die kleine Gemeinschaft, in die er eingebettet war, kann ihm da nicht helfen, nur die großen Kollektive können es, wie er meint, und er läßt sich übergern die persönliche Verantwortung abnehmen; nur noch gehorchen will er. Und darüber geht das kostbarste Gut, das Leben zwischen Mensch und Mensch, verloren; die autonomen Zusammenhänge werden bedeutungslos, die persönlichen Beziehungen verdorren, der Geist selber verdingt sich als Funktionär. Die menschliche Person wird aus dem lebenden Glied eines Gemeinschaftskörpers zum Zahnrad der »Kollektiv«-Maschine. Wie der Mensch in der entarteten Technik im Begriff ist, das Gefühl des Werkes und das des Maßes einzubüßen, so in der entarteten Sozialität das Gefühl der Gemeinschaft, und zwar gerade während er von der Illusion erfüllt ist, in der vollkommenen Hingabe an seine Gemeinschaft zu leben.

Eine Krisis solcher Art kann nicht überwunden werden, indem man an einen früheren Punkt des Weges zurückstrebt, sondern nur indem man die gegebene Problematik ohne Abstrich zu bewältigen sucht. Ein Zurück gibt es für uns nicht, nur ein Hindurch. Hindurch aber werden wir nur dringen, wenn wir wissen, *wohin* wir wollen.

Beginnen müssen wir, das ist offenbar, mit der Aufrichtung eines vitalen Friedens, der dem politischen Prinzip die Souveränität über das gesellschaftliche entzieht. Und hinwieder ist dieses erste Ziel durch keine politischen Organisationskünste zu erreichen, sondern nur durch den starken Willen der Menschenvölker, den Planet Erde, nach Territorien, Rohstofflagern und Bevölkerungen, *mitsammen* zu bewirtschaften und zu verwalten. Gerade hiervon aber droht eine größere Gefahr als alle bisherigen: die eines schrankenlosen planetarischen Machtzentralismus, der alle freie Gemeinschaft verschlingt. Alles kommt darauf an, das Werk der Erdbewirtschaftung nicht dem politischen Prinzip auszuliefern.

Gemeinsames Wirtschaften ist nur möglich als ein sozialistisches. Aber wenn es die Schicksalsfrage der gegenwärtigen Menschheit ist, ob sie sich zu einem gemeinsamen sozialistischen Wirtschaften wird entschließen und erziehen können, so besteht die Eigentlichkeit dieser Frage in der nach dem Sozialismus selber: was für einer es sei, in dessen Zeichen das gemeinsame Wirtschaften der Menschheit zustande kommen wird, wenn es zustande kommt. [...]

Die Urhoffnung aller Geschichte geht auf eine echte, somit

durchaus *gemeinschaftshaltige* Gemeinschaft des Menschengeschlechts. Fiktiv, vorgetäuscht, eine planetengroße Lüge wäre eine, die nicht aus wirklichem Gemeinschaftsleben zusammenwohnender oder zusammenwerkender kleiner und größerer Gruppen und aus ihren wechselseitigen Beziehungen sich errichtete. Es kommt also alles darauf an, daß die Kollektivität, in deren Hände die Verfügungsgewalt über die Produktionsmittel übergeht, ihrer Struktur und ihren Anstalten nach wirkliches Gemeinschaftsleben der mannigfaltigen Gruppen ermögliche und fördere, ja, daß diese selber zu den eigentlichen Subjekten des Produktionsprozesses werden; daß also die Menge so gegliedert und in ihren Gliedern (den verschiedenartigen »Gemeinden«) so mächtig sei, als das gemeinsame Wirtschaften der Menschheit gestattet; daß also das zentralistische Sichvertretenlassen nur so weit reiche, als die neue Ordnung gebieterisch fordert. Die innere Schicksalsfrage hat nicht die Form des grundsätzlichen Entweder-Oder: sie ist die Frage nach der rechtmäßigen, immer neu zu ziehenden Abgrenzungslinie, dem tausendfachen Abgrenzungslinien-System zwischen den notwendig zu zentralisierenden und den freigebbaren Bereichen, zwischen dem Maß der Regierung und dem Maß der Autonomien, zwischen dem Gesetz der Einigkeit und dem Anspruch der Gemeinschaft. Die unablässige Prüfung des jeweiligen Standes der Dinge von dem Anspruch der Gemeinschaft aus als dem stets der Vergewaltigung durch die Zentralgewalt ausgesetzten, die Wacht über der je nach den sich wandelnden geschichtlichen Voraussetzungen wandelbaren *Wahrheit der Grenze* wäre die Aufgabe des geistigen Menschheitsgewissens, einer Instanz von unerhörter Art, der zuverlässigen Vertretung der lebenden Idee. Der platonischen »Wächter« harrt hier eine neue Erscheinungsform.

[...] Diesem Gemisch von richtigen Feststellungen und verkehrten Folgerungen gegenüber bekenne ich mich zur Wiedergeburt

der Gemeinde. Wiedergeburt, nicht Wiederbringung. Wiederzubringen ist sie in der Tat nicht, obgleich mich dünkt, daß jeder
Anhauch hilfreicher Nachbarschaft in der Mietskaserne, jede Welle
einer wärmeren Pausen-Kameradschaft in der höchstrationalisierten
Fabrik ein Wachstum der Gemeinschaftshaltigkeit der Welt bedeutet, und obgleich mich zuweilen eine rechtschaffene Dorfgemeinde
wirklicher anmutet als ein Parlament; wiederzubringen ist die Gemeinde nicht. Aber ob eine Wiedergeburt der Gemeinde aus den
Wassern und dem Geist der nahenden Gesellschaftswandlung geschieht, davon scheint mir das Los der menschlichen Gattung bestimmt werden zu sollen. Ein organisches Gemeinwesen – und nur
solche können zu einer gestalteten und gegliederten Menschheit
sich fügen – wird nie aus Individuen, nur aus kleinen und kleinsten
Gemeinschaften sich aufbauen: ein Volk ist in dem Maße Gemeinschaft, in dem es gemeinschaftshaltig ist. Wenn die Familie aus der
Krisis, die heute wie Zerfall aussieht, nicht gereinigt und erneuert
hervortaucht, wird die Staatlichkeit vollends nur noch ein Apparat
sein, der mit den Leibern der Generationen geheizt wird. Die
Gemeinde, die sich solchermaßen erneuern könnte, gibt es nur als
Residuum. Wenn ich von ihrer Wiedergeburt spreche, denke ich
nicht an eine fortdauernde, sondern an eine geänderte Weltlage.
Mit den neuen Gemeinden – man mag sie auch die neuen Genossenschaften nennen – meine ich die Subjekte des gewandelten
Wirtschaftens, die Kollektive, in deren Hände die Verfügungsgewalt
über die Produktionsmittel übergehen soll. Noch einmal: alles
kommt darauf an, ob sie bereit, bereitet sein werden.

42 Die Sowjets und das Judentum

Wie allgemein bekannt ist, haben die zwei bereits geschichtlich erfaßbaren Epochen des Sowjetregimes, die von Lenin und die von Stalin bestimmte, in ihrer Behandlung des jüdischen Problems – so verschieden diese im übrigen war – dies gemeinsam, daß sie es auf die Frage stellten, was denn eigentlich diese Juden seien. Es ist dieselbe Frage, die schon vor anderthalb Jahrhundert Napoleon und die Vorkämpfer der Judenemanzipation in der Formulierung »Nation oder Religion?« beschäftigt hat und die in den Diskussionen innerhalb des marxistischen Lagers über das Nationalitätenproblem immer wieder in der Formulierung »Nation oder Nationalität oder bloße ethnische Einheit?« aufgetaucht ist. Unter dem Sowjetregime hat die Formulierung »Nation oder Religion?« naturgemäß keine Geltung mehr, wiewohl das Gesetz hier keine anderen jüdischen Institutionen als lediglich religiöse kannte und kennt. Dagegen wurde die Frage »Welche Art von nationaler oder ethnischer Existenz ist die der Juden?« schon im Anbeginn des Regimes von offizieller Seite nachdrücklich erörtert. Die Antwort ist mehr oder weniger deutlich, schließlich aber von Stalin mit aller Exaktheit, in der Form von Definition und Folgerung festgelegt worden. Eine nationale Existenz, so hieß es, ist nur da zu finden, wo eine auf eigenem Territorium selbständig wirtschaftende Volkseinheit besteht. Da diese Merkmale, so wurde nun gefolgert, bei der jüdischen Gemeinschaft fehlen, da sie keinen eigenen »Markt«, also keine eigene Produktion aufzuweisen hat, kann sie nur als »ethnische Einheit« anerkannt werden. Eine solche aber hat keinen Anspruch auf die Fortdauer ihrer Existenz, keinen auf die Erhaltung ihrer kulturellen Werte; sie muß in der Nation und in den Nationalitäten »integriert«, das heißt: in ihnen aufgelöst werden. In der Theorie sollte diese Integrierung ohne allen Zwang, ja ohne alle Diskrimination erfolgen. In der Praxis sah die Sache von Grund aus anders aus, wofür die Extermination der führenden Autoren jiddischer Sprache unter Stalin das grausamste Beispiel ist.

Wohlgemerkt, so ernstlich Lenin über das nationale Problem nachgedacht hat und so genau er zwischen den verschiedenen Formen nationaler Existenz unterschieden hat, er hat nie daran gedacht, das spezifische Judenproblem durch Definition und Folgerungen völlig bewältigen zu können. Was ihn daran hinderte, war zunächst sein Sinn für Wirklichkeit des Volkslebens, und eine solche war dieses eigentümliche Idiom, das Jiddisch, in besonderem Maße, diese saftige Mischung von kanaanäischer Urzeit und mitteleuropäischer Wanderschaft, durch und durch *gesprochene* Sprache, auch in all ihren literarischen Erzeugnissen. Damit aber war auch Lenins politischer Instinkt verbunden, der ihn unterscheiden lehrte zwischen politischen Gegnern, die er zu bekämpfen hatte, und volkstümlichem Element, das nichts anderes begehrte als es selbst sein und sein eigenes Leben führen zu dürfen. Wo das Volkstümliche aufhörte, da war auch Lenins Verständnis die Grenze gesetzt. Darum widerstrebte er dem Hebräischen, der Ursprache, der die Generationen des wandernden Judentums die Treue hielten – wiewohl aus der Symbiose mit den Wirtsvölkern Idiom um Idiom erwuchs –, aber die Treue hielten eben nicht als der Äußerung gegenwärtigen Volkslebens, sondern als der Sprache einstiger Autochthonie, die auch die Sprache der Verheißung war. Lenin assoziierte Hebräisch seltsamerweise mit Kapitalismus und Bourgeoisie, deren Zusammenhalt er, einem fatalen Irrtum Marxens folgend, mit der Synagoge und ihrer Sprache in Verbindung brachte. Sein Ohr war taub dafür, daß diese Sprache einst ihre Reife in dem Ringen um den zulänglichen

Ausdruck für die Sehnsucht nach einer nicht formalen, sondern realen Gerechtigkeit erlangt hatte, und daß in ihren Gebeten eben diese Sehnsucht immer wieder zu gesprochenem Wort wird, mögen die Sprecher es merken oder mögen sie es nicht merken und gegen sich selbst beten. Darum, weil Lenin in der Vitalität des Hebräischen nicht ein Urfaktum des Volkslebens, sondern ein Politicum sah, hat er hier, im Gegensatz zu seiner sonstigen Haltung zu den jüdischen Kulturwerten, mit Definitionen und Folgerungen statt mit Anschauung und Einsicht operiert. Es ist sein Werk – entstanden freilich mit Hilfe eines Amtes, das mit lauter fanatisch antihebräisch gesinnten Juden besetzt war –, daß in Sowjetrußland der hebräischen Sprache über das liturgische Gebiet hinaus kein Lebensrecht gewährt ist und daß unter all den Schriften der Sowjetvölker, von denen in der Sowjetunion vorbildliche Ausgaben gedruckt werden, die hebräische Bibel fehlt.

Der Lenin- und der Stalin-Epoche (und auch der nachstalinschen, soweit wir ihren Charakter zu erkennen vermögen) ist somit die Ablehnung desjenigen jüdischen Geisteselements gemeinsam, das über das bloße Synagogale hinaus die sowjetischen Juden mit denen der übrigen Welt verbindet: offenbar weil ein allzu elementarer Charakter dieser Verbindung politisch unerwünscht erschien. Dagegen ist das dem sowjetischen und etwa noch dem polnischen Judentum spezifisch eignende Kulturgut, die jiddische Kultur, unter Lenin nicht bloß toleriert, sondern in all seinen Formen – Schrifttum, Presse, Theater, Schulwesen – gefördert worden; unter Stalin wurde es immer schärfer bekämpft, schließlich mit allen Mitteln ausgerottet, offenbar weil darin ein bedenklicher Separatismus, ein bedenklicher Widerstand gegen die vom Regime angestrebte »Integration« erblickt wurde. In beiden Epochen wurde, jeweils so viel als nötig erschien, von Definitionen und Folgerungen ausgegangen, und die Praxis – vom einfachen Verbot unter Lenin bis zur gewaltsamen Elimination unter Stalin – stützte sich darauf. Die nachstalinsche Epoche ist, trotz dem Erscheinen einiger weniger jiddischer Publikationen und Vorführungen, noch zu undeutlich, als daß man beurteilen könnte, ob hier von einer noch zögernden Rückkehr zu der partiellen Einsicht Lenins oder lediglich von einer Milderung der Stalinschen Radikallösung die Rede sein kann; an der Theorie der »Integration« und der von ihr verwendeten Methode der Definitionen und Folgerungen hat sich aber offenbar nichts geändert.

Die Methode, von der ich rede, geht von der Voraussetzung aus, es stehe einer Staatsmacht rechtmäßig zu, das Wesen einer ihr eingegliederten historischen Gemeinschaft dadurch zu bestimmen, aber auch deren Sonderschicksal dadurch zu entscheiden, daß man sie für dieser oder jener Kategorie zugehörig oder unzugehörig erklärt. Diese Methode ist, in dieser Allgemeinheit gefaßt, falsch.

Das Judentum ist atypisch. Es als eine »ethnische Gruppe« abzustempeln führt in die Irre. Denn seine wesentlichen Eigenschaften sind denen keiner bekannten ethnischen Gruppe vergleichbar.

Schon die napoleonische Frage »Nation oder Religion?« steht im Widerspruch zur Wirklichkeit. Denn hier gibt es keine solche Alternative. Historisch betrachtet, und das heißt: wenn wir von der Geschichte des Volkes Israel ausgehen, besteht hier, wie meines Wissens nirgendwo anders, eine eigentümliche *dynamische* Verbindung von Nation und Religion. Es gibt freilich manche anderen Völker, in denen alle oder doch die meisten sich zum gleichen Glauben bekennen; aber ich weiß von keiner anderen nationalen Gemeinschaft, in der die Mächtigkeit des Glaubens so von der Stiftungsstunde der Gemeinschaft an auf das Leben der Gesellschaft in all seinen Bereichen eingedrungen ist, um es der Herrschaft des Absoluten zu unterwerfen; ich weiß von keiner anderen nationalen

Gemeinschaft, in der die großen Gläubigen sich mit solcher Kühnheit allem entgegenstellten, was die Verwirklichung des Gebots von Wahrheit und Gerechtigkeit im Volksleben hinderte, den Königen, den Besitzenden und, wenn es not tat, dem Priestertum selber. Diese Dialektik des einander Gleichzeitigen, dieser Kampf erst des stiftenden Geistes gegen alles Widerstrebende, dann des dem Urgeheiß treu gebliebenen Geistes gegen die abtrünnigen Gewalten der Herrschaft und des Besitzes, das ist die wahre Geschichte Israels von Mose bis zum letzten Propheten und über diesen hinaus.

[…] Aber nicht minder atypisch als auf diesem dem Sowjetregime wohl eher uninteressanten Gebiet der nationalen Religiosität ist das Judentum in den Bereichen, die für den definierenden und folgernden Stalin die entscheidenden waren: dem der Sprache und dem des Territoriums.

Zu einer »normalen« Nationalität gehört die Singularität der Sprache. Und wieder erweist sich hier das Judentum als Anomalie, freilich auch hier wieder als eine bedeutsame und fruchtbare. Die Sprache des nationalen Selbst, die hebräische, hat fast das ganze biblische Schrifttum hervorgebracht; aber schon auf der Höhe des Staatslebens finden wir daneben, nicht als literarisch, wohl aber als den »Gebildeten« vertraut, die herrschende Sprache der westsemitischen Kultur, die aramäische, eben die, in der später, schon im Exil, der Großteil des Talmuds geschrieben worden ist. Die großen Werke jüdischen Denkens sind in der hellenistischen Epoche griechisch, im Mittelalter arabisch, in unserem Zeitalter vorwiegend deutsch geschrieben worden; und zu diesen beiden, der Kernsprache und den wechselnden Kontaktsprachen, treten als Drittes die eigentümlichen Produkte des Zusammenlebens mit den Völkern, die Idiome, deren produktivstes eben das Jiddisch ist. Diese einzigartige Mehrsprachigkeit hat einen einzigartigen Hintergrund in der Psychik dieses Volkes: hier verbindet sich der Wille zum Beharren in dem von urher Gegebenen mit einer volkstümlich starken Neigung zum vitalen Kontakt mit der umgebenden Kultur. Jede umgebende Kultur, die diesen Doppelwillen gewähren ließ, hat daraus Gewinn gezogen.

Das Sowjetregime hat in seiner ersten Phase den ersten, den Willen zum Beharren in der Ursprache, niedergehalten, den zweiten aber, den Willen zum Kontakt, in der Gestalt des Jiddischen, toleriert oder sogar bestätigt; in seiner zweiten Phase hat das Regime um der radikalen Integration willen auch die volkstümliche Kontaktsprache in all ihren öffentlichen Äußerungen unterdrückt. Welche Richtung es in der gegenwärtigen Phase nehmen wird, ist wie gesagt noch unklar.

Nicht minder atypisch und unsubsumierbar erweist sich das Judentum in der Frage des Territoriums. Nur daß es hier, zum Unterschied von der Frage der Sprache, erst mit dem Ende des selbständigen Lebens in Palästina zur Anomalie geworden ist. Bis dahin ist die Singularität des Landes, sogar während zeitweiliger Verschleppungen eines wesentlichen Teils der Bevölkerung, das Selbstverständliche und Unerschütterliche. Mit der Stabilisierung der Diaspora vollzieht sich eine Änderung; man nimmt immer wieder das Leben in dem Land, in das man verschlagen worden ist, wie eine ernste, sinnreiche Aufgabe an, aber das Heil bleibt an die Heimat gebunden – der große Zukunftsglaube, in dem sich die atypische Einheit von Nation und Religion bekundete, hatte die Rückkehr in die Heimat zur unerläßlichen Voraussetzung. Es gibt meines Wissens kein anderes Volk, in dem der eigene Boden ein so zentraler, ja so heiliger Gegenstand war, und das ist er geblieben; aber auf das Exilsland ging man, wo immer das Wirtsvolk es zuließ, lebensmäßig ein, man nahm das Schicksal nicht bloß an seiner

Fläche, sondern in seiner Tiefe an. Man nahm nicht bloß das Martyrium auf sich, man nahm auch das Leben auf sich, wo immer es das zuließ. In eben den Ländern, in denen die Judenheit hernach gepeinigt oder ausgerottet wurde, hat es echte Symbiosen gegeben, die ohne eine echte Treue zum Land undenkbar wären.

43 Über den »bürgerlichen Ungehorsam«

(Zum 100. Todestag von Henry Thoreau, 1962)

Es sind nun nahezu sechszig Jahre her, daß ich Thoreaus Traktat über den »bürgerlichen Ungehorsam« kennenlernte. Ich las ihn mit dem starken Gefühl: Das ist etwas, was mich unmittelbar angeht. Erst sehr viel später aber habe ich verstanden, woher jenes Gefühl kam. Es war das Konkrete, Persönliche, das »Jetzt und Hier« an der Schrift, was ihr mein Herz gewann. Thoreau formulierte nicht einen allgemeinen Grundsatz als solchen; er beschrieb und begründete seine Haltung in einer bestimmten historisch-biographischen Situation. Er sprach seinen Leser im Bereiche dieser ihnen gemeinsamen Situation so an, daß der Leser nicht bloß erfuhr, warum Thoreau damals so handelte, wie er handelte, sondern – wofern dieser Leser nur redlich und unbefangen war – auch, daß er selber, der Leser, gegebenenfalls eben solcherweise handeln mußte, wenn es ihm ernstlich darum zu tun war, seine menschliche Existenz zu verwirklichen.

Es geht hier nicht einfach um einen der vielen Einzelfälle in dem Kampf einer machtlosen Wahrheit gegen eine wahrheitsfeindlich gewordene Macht. Es geht um die ganz konkrete Aufzeigung des

Punktes, an dem je und je dieser Kampf zur Pflicht des Menschen *als Mensch* wird. Indem Thoreau von seiner geschichtlichen Situation so konkret spricht, wie er es tut, sagt er das für alle Menschengeschichte Gültige auf die richtige Weise aus.

Ich werde immer wieder gefragt, woran – nicht in einer bestimmten geschichtlichen Situation, sondern ganz allgemein – die civil disobedience ihre Legitimität erweisen kann. Darauf weiß ich zunächst nichts anderes zu antworten: Ungehorsam solcher Art ist dann rechtmäßig, wenn er in Wahrheit Gehorsam ist, Gehorsam einer höheren Instanz gegenüber als der man jetzt und hier nicht gehorcht, genauer: Gehorsam der höchsten Instanz gegenüber. Nun aber wird mir mit einer neuen Frage entgegnet: Woher ich denn das Gebot der höchsten Instanz für diese Situation jetzt und hier kenne. Man kann diese Frage in die Sprache des evangelischen Gleichnisses etwa so übersetzen: »Wo ist die Grenze dessen, was ich je und je Cäsar zu geben habe?«

Jeder Versuch, diese Frage auf der Ebene einer allgemeingültigen Begrifflichkeit unangreifbar zu beantworten, muß fehlschlagen. Das Absolute kann sich in unserer Welt nicht als allem Relativen unbedingt überlegen erweisen, weil die stimmmächtigen Affen des Absoluten ihre Ansprüche, jeder den seinen, mit den erforderlichen dialektischen Mitteln wirksam darzutun verstehen, um den Ungehorsam zu brandmarken.

Jeder Cäsar, jede Cäsarität, gleichviel, in welcher Form sie erscheint, jede geschichtliche konsistente Macht, figuriert den ihr Untergebnen gegenüber als von Gottes Gnaden bestehend, gleichviel, welchen Namen dieser Gott führen mag. [...]

Können die Gebieter der Stunde dem Getriebe, das sie nur zum Schein beherrschen, Halt gebieten? Werden sie noch rechtzeitig den pantechnischen Krieg verhüten können? Mit anderen Worten: Werden sie statt des üblichen »politischen« Aneinandervorbeiredens über mächtige Fiktionen zueinander über die Wirklichkeit reden lernen, das heißt miteinander die wirklichen beiderseitigen Interessen klären, die gegensätzlichen und die gemeinsamen vergleichen und aus diesem Vergleich die Folgerungen ziehen, die heute schon jeder unabhängig Denkende zu ziehen vermag? Können aber, wie ich meine, die Gebieter der Stunde das nicht, wer soll hier noch rechtzeitig einspringen, wenn nicht die »Ungehorsamen«, die der irregehenden Macht als solcher personhaft entgegentreten? Muß nicht eine planetarische Front solcher civil disobedients bereitstehn, bereit nicht wie sonst Fronten zum Kampf, sondern zum rettenden Gespräch? Wer aber sind diese, wenn nicht diejenigen, welche die Stimme hören, die sie aus der Situation, der Situation der menschlichen Krisis, anspricht und ihr gehorchen?

V Therapeutisches Denken

Martin Buber hat als Student in Leipzig, Berlin und Zürich drei Semester auf das Studium der Psychologie verwendet, besonders hat ihn Eugen Bleulers »Psychiatrische Klinik«, also wohl praktische Übungen mit Kranken, gefesselt: das irritierende Rätsel, ob es möglich sei, einem Schizophrenen zu »begegnen«[1].

1904 hat er Sigmund Freud in Wien besucht, um wegen einer Psychotherapie für einen Freund mit ihm zu sprechen, und einen tiefen Eindruck von der Persönlichkeit des mehr als 20 Jahre Älteren empfangen[2]. Später gehen die Fäden zwischen der Welt Freuds und der Bubers dicht hin und her: Buber wollte auf Freuds »Zwangs-handlungen und Religionsübungen« (1907) mit einer Schrift ant-worten, was ihm aber Lou Andreas-Salomé, Schülerin und Vertraute Freuds, Mitarbeiterin an Bubers Reihe »Die Gesellschaft« (im Verlag Rütten & Loening) ausredete[3]. Er lernte Bertha Pappenheim ken-nen, die als Anna O. in J. Breuers und S. Freuds »Studien über Hysterie« (1895) so wichtig war und an deren Neurose eigentlich die Psychoanalyse entwickelt wurde (vgl. Briefwechsel I und II); sie leitete Seminare am Freien Jüdischen Lehrhaus über Ethik der Sozialarbeit; Buber schrieb ihr sogar einen Nachruf, als sie 1936 starb. Bubers Sekretär um 1920, Siegfried Bernfeld, wurde später Psychoanalytiker. Freuds »Zukunft einer Illusion« (1927) fordert Buber nochmals zu einer Erwiderung heraus, zu der es aber nicht kommt (vgl. Briefwechsel II). Erst Bubers »Moses« (1945) bringt einen scharfen Satz gegen Freuds »Der Mann Moses ...« (1939) im Vorwort und eine gründliche Auseinandersetzung, aber auf einer anderen, nicht polemischen Ebene.

Diese Auseinandersetzung mit Freud ist wenig beachtet worden[4], Buber hat wenig davon ausgeführt, obwohl sein ganzes religions-philosophisches Werk, das auf die Erfahrung der Gegenwart und des Anrufs an das »ewige Du« setzt, als Widerspruch gegen Freuds Religionskritik zu lesen ist. Auch Bubers Konzept der heilenden Begegnung von »Ich und Du« versteht man am besten aus der Auseinandersetzung mit Freud: Buber bleibt bei den unreduzierten Phänomenen des Psychischen, während Freud seine geniale Reduktion auf beinahe biologische Grundvorgänge im Menschen, auf das Triebgeschehen vollzieht und damit das Psychische stark vereinfacht, um Wege zu seiner Behandlung zu zeigen; gewiß setzt er es damit der Gefahr der Manipulation und der Banalisierung aus.

Auch den andern Schul-Gründer, Carl Gustav Jung, hat Buber früh wahrgenommen, spätestens 1923 bei einem Vortrag im Züricher »Psychologischen Club«[5], wo er Hans Trüb kennenlernte, der als Jung-Schüler begonnen hatte, aber sich unter Bubers Einfluß von ihm zu lösen suchte (im Briefwechsel II und III zu verfolgen). In den 50-er Jahren erfolgte dann die harte Auseinandersetzung zwischen Buber und Jung, die in »Gottesfinsternis« dokumentiert ist[6].

Neben dem Briefwechsel mit Hans Trüb spricht der mit Freuds Schüler und Freund, dem Schweizer Psychiater und Daseinsanalytiker Ludwig Binswanger (1881-1966) am deutlichsten für die psychologischen Interessen Bubers. Binswanger, ein philosophisch sehr bewanderter Arzt, der besonders nach den anthropologischen Grundlagen des Heilens und des Verstehens von Lebensgeschichten suchte, verschob den Schwerpunkt seines Fragens von der Übertragung und der Trieb-Mechanik Freuds zur Beziehung und zur Ganzheit des Menschen nach Buber.

Wie tief die Thematisierung der Ich-Du-Beziehung die Psychotherapeuten bewegte, ist aus den Schriften vieler zu entnehmen –

von C. Rogers, dem Begründer der klient-zentrierten Psychotherapie, und H.St. Sullivan angefangen, über Fritz Perls, den Begründer der Gestalttherapie; noch die Verleihung des medizinischen Ehrendoktorats an Buber durch die Universität Münster 1962 (Briefwechsel III, Nr. 486, in der Anm. die Begründung) oder psychologische Diplomarbeiten belegen das klinische Interesse an diesem Stück der neueren Philosophie.

In seinem wichtigen Buch »Die Aporie des Du«[7] nennt der früh tödlich verunglückte Jochanan Bloch Buber einen eminent therapeutischen Denker. (Er tut das, um ihn nicht einen religiösen Denker nennen zu müssen.) Das kann nur bedeuten, Buber ziele mit seiner Arbeit auf den *ganzen* Menschen, *über* seinen Spezialisierungen, in die er sich notgedrungen, aber zu seinem Schaden, verliert; er habe sein Anfangenkönnen, seine Wandlungsfähigkeit, religiös gesagt: seine Fähigkeit zur Umkehr ständig im Blick. Besonders habe er in den chassidischen Zaddikim große Beispiele vor Augen, wie ein Mensch dem andern in vielfacher Not hilft – sogar fast über das Menschenmögliche hinaus: die Wunderheilungen, die von Zaddikim berichtet werden; oft sind sie nichts anderes als »paradoxe Interventionen«, wie die moderne Psychotherapie sie seit V. Frankl wieder offen diskutiert und anwendet.

Dieser Hinweis auf den paradoxen Charakter der religiösen Grundbegriffe, wie Schöpfung und Erlösung, der dialogischen Grundworte wie Begegnung, Gegenwart, Erfahrung, sowie auf das Paradox der Psychotherapie, jemanden dazu zu *bewegen*, daß er sich *freiwillig* ändert, scheint wichtig. Er reicht tiefer, als die Stichworte Traum, das Unbewußte, Schizophrenie, um die es im Briefwechsel mit Binswanger und in den Notizen über »Das Unbewußte« geht[8].

44 Heilung aus der Begegnung

Zu Hans Trübs gleichnamigem Buch (1951)

Wenn der Träger eines »geistigen Berufs« mitten in seiner Tätigkeit Mal um Mal innehalten muß, weil er der Paradoxie gewahr wird, die er betreibt (jeder dieser Berufe steht auf paradoxem Grund), ist schon etwas Erhebliches geschehen. Bedeutend wird dieses Geschehen aber erst, wenn er sich nicht damit begnügt, solche flüchtigen Erschütterungen einer wohlgefügten Welt in die Register des Gedächtnisses aufzunehmen, sondern immer wieder, sogleich nach der Vollendung der so unterbrochenen Tätigkeit oder eine Weile danach, sich in einem angestrengten und unbefangenen Besinnen mit der aktualen Problematik, auf die er hingewiesen worden ist, befaßt und mit dem Einsatz der lebenden und leidenden Person zu größerer und wieder zu größerer Klärung jener Paradoxie vordringt. So wird und wächst ein geistiges Schicksal mit seiner eigentümlichen, zögernden, tastenden, tastend ringenden, schwerfällig überwindenden, überwindend erliegenden, erliegend erleuchteten Produktivität. Solcherart ist Hans Trübs Schicksal gewesen.

Aber der besondere Beruf, um den es hier geht, ist unter allen der paradoxeste, ja er ragt in seiner Paradoxie aus der Sphäre der geistigen Berufe nicht minder hervor als dieses geordnete geistige Treiben insgesamt aus der Gesamtheit der professionellen Wirksamkeit. Gewiß, auch der Anwalt, der Lehrer, der Priester, und nicht minder der Arzt des Leibes, jeder von ihnen bekommt, wofern ihm ein echtes Gewissen seines Berufs zuteil geworden ist, je und je zu spüren, was es heißt, sich der Nöte und Bangnisse des Menschen und nicht bloß, wie die Träger »nicht geistiger« Berufe, der Befriedigung seiner Bedürfnisse anzunehmen. Aber dieser hier, der »Psychotherapeut«, dem es aufgetragen ist, Warter und Heiler kranker Seelen zu sein, begegnet jeweils der nackten Abgründigkeit des Menschen, seiner abgründigen Labilität, der schlimmen Zugabe, die bei der Erwerbung jenes Prozesses mit in den Kauf genommen werden mußte, den man im spezifischen Sinne als Psychik bezeichnen darf [Damit ist nichts anderes als die jeweils dem introspektiven Vollzug sich erschließende Phänomenreihe gemeint.]; und zwar begegnet er ihr nicht wie der Priester mit heiligem Gnadengut oder doch heiligem Wortgut ausgerüstet, sondern als bloße Person, über nichts anderes verfügend als über die Tradition seiner Wissenschaft und die Theorie seiner Schule. Es ist verständlich genug, daß er den ihn antretenden Abgrund zu objektiveren und den tobenden Nichts-als-Prozeß in ein einigermaßen handhabbares Ding umzuwandeln bestrebt ist. Dabei leistet ihm der von den Schulen mannigfaltig ausgearbeitete Begriff eines Unbewußten wesentliche Hilfe. Der Wirklichkeitsbereich dieses vielgenannten Begriffs ist meinem Verständnis nach unterhalb der Aufspaltung menschlicher Existenz in körperliche und seelische Phänomene gelagert. Aber jeder seiner Gehalte vermag in jedem Augenblick in die Dimension der Introspektivität einzutreten und läßt sich daher als dem psychischen Bezirk zugehörig erklären und behandeln. Auf dieser mit großer Weisheit und Kunst ausgebildeten Grundlage wird nun – im allgemeinen unter Beistand des Patienten, der sich die beruhigende und gewissermaßen orientierende, ja geradezu zentrierende Prozedur zumeist wohlgefallen läßt – das paradoxe Geschäft des Psychotherapeuten mit Geschick und auch mit Erfolg betrieben. Bis einer in einem bestimmten Fall, in bestimmten Fällen, über das, was er tut, erschrickt, weil ihn die Ahnung überkommt, daß, zumindest in solchen Fällen, aber letztlich vielleicht in allen, etwas ganz anderes von ihm gefordert ist, etwas der geläufigen Berufsökonomik Unangemessenes, ja die geregelte Berufsausübung zu gefährden Drohendes. Nämlich: daß er zunächst den Fall aus der methodengerechten Versachlichung ziehe und selber, aus der in langer Lehre und Übung errungenen und durch sie verbürgten professionellen Überlegenheit tretend, in die elementare Situation zwischen einem anrufenden und einem angerufenen Menschen eingehe. In Wahrheit ruft der Abgrund nicht die zuverlässig funktionierende Aktionssicherheit, sondern den Abgrund an (Anspielung auf Ps. 42,8 [in der lateinischen und der Septuaginta-Fassung, L.W.]), das heißt, die unter den durch Lehre und Übung errichteten Strukturen verborgene, die selber vom Chaos umwitterte, selber mit den Dämonen vertraute, aber mit der demütigen Macht des Ringens und Überwindens begnadete und immer neu so zu ringen und zu überwinden bereite Selbheit des Arztes. Aus dem Vernehmen dieses Anrufs bricht in dem exponiertesten der geistigen Berufe die Krisis seiner Paradoxie aus. Der Psychotherapeut wird, eben wenn und weil er Arzt ist, aus der Krisis in die Methodik zurückkehren, aber als ein Veränderter in eine veränderte; als einer nämlich, dem die Notwendigkeit aufgegangen ist, daß echt personhafte Begegnungen zwischen dem Hilfsbedürftigen und dem Helfer sich im Abgrund des Menschseins begeben, wird er zurückkehren in eine modifizierte Methodik, in der, von dem in solchen Begegnungen Erfahrenen aus, auch das Ungewohnte, das den herrschenden Denkungsweisen Widerstrebende und den stets erneuten personhaften Einsatz Heischende, seinen Platz findet. [...]

Dem Psychotherapeuten, der die Krisis seiner Berufsparadoxie durchschritten hat, ist dieser Weg [eines nur professionellen Verfahrens, L.W.] versperrt. Er hat in einer entscheidenden Stunde mitsamt dem ihm anvertrauten und ihm vertrauenden Kranken den geschlossenen Raum der Seelenbehandlung verlassen, darin der

Analytiker kraft seiner systematischen und methodischen Überlegenheit waltet, und ist mit jenem an die Luft der Welt getreten, wo Selbheit der Selbheit ausgesetzt ist. Dort, in dem geschlossenen Raum, wo man die isolierte Psyche, der Neigung des in sich verkapselten Patienten gemäß, ergründet und verarztet, wird dieser in immer tieferen Schichten auf seine Innerlichkeit als auf seine eigentliche Welt verwiesen; hier draußen, in der Unmittelbarkeit des menschlichen Gegenüberseins, muß und kann die Verkapselung durchbrochen, und dem in seinem Verhältnis zur Anderheit – zur uneinseelbaren Anderwelt – Erkrankten muß und kann ein gewandeltes, ein geheiltes Verhältnis zu ihr eröffnet werden. Nie ist eine Seele allein krank, immer auch ein Zwischenhaftes, ein zwischen ihr und anderen Seienden Bestehendes. Der Psychotherapeut, der die Krisis durchschritten hat, darf es nun wagen, daran zu rühren.

Diesen Weg des erschreckten Innehaltens, des unerschrockenen Besinnens, des persönlichen Einsatzes, des Abwerfens der Sicherheiten, des rückhaltlosen Gegenübertretens, der Aufsprengung des Psychologismus, diesen Weg der Schau und der Wagnisse ist Hans Trüb gegangen und hat von ihm immer wieder, nach immer neuem Ringen um das Wort für das Ungeläufige, immer reifere und zulänglichere Kunde gegeben, bis zur reifsten und zulänglichsten, dieser Schrift hier, die er nicht mehr vollendet hat. Sein Fuß ist erstarrt, aber die Bahn ist gebrochen. Es werden gewiß die Nachfolgenden nicht ausbleiben, die wie er sind, Wache und Kühne, die Berufsökonomik aufs Spiel Setzende, sich nicht Schonende und nicht Aufsparende, sich Dranwagende, und werden weitergehn.

45 Gegenseitigkeit und ihre Grenzen

In der nächsten Frage geht es nicht mehr um Schwelle, Vorschwelle und Überschwelle der Mutualität, sondern um sie selber als um die Eingangstür unseres Daseins.

Gefragt wird: Wie verhält es sich mit dem Ich-Du-Verhältnis zwischen Menschen? Steht dieses denn immer in voller Gegenseitigkeit? Kann es das immer, darf es das immer? Ist es nicht, wie alles Menschliche, der Beschränkung durch unsere Unzulänglichkeit ausgeliefert, aber auch der Beschränkung durch innere Gesetze unseres Miteinanderlebens unterstellt?

Das erste von diesen beiden Hindernissen ist ja bekannt genug. Von deinem eigenen Blick Tag um Tag in die befremdet aufschauenden Augen deines deiner doch bedürfenden »Nächsten« bis zur Wehmut der heiligen Männer, die Mal um Mal das große Geschenk vergebens anboten, – alles sagt dir, daß die volle Mutualität nicht dem Miteinanderleben der Menschen inhäriert. Sie ist eine Gnade, für die man stets bereit sein muß und die man nie als gesichert erwirbt.

Es gibt jedoch auch manches Ich-Du-Verhältnis, das sich seiner Art nach nicht zur vollen Mutualität entfalten darf, wenn es in dieser seiner Art dauern soll.

Als ein solches Verhältnis habe ich an anderem Ort [»Über das Erzieherische«] das des echten Erziehers zu seinem Zögling charakterisiert. Um den besten Möglichkeiten im Wesen des Schülers helfen zu können, sich zu verwirklichen, muß der Lehrer ihn als diese bestimmte Person in ihrer Potentialität und ihrer Aktualität meinen, genauer, er muß ihn nicht als eine bloße Summe von Eigenschaften, Strebungen und Hemmungen kennen, er muß seiner als einer Ganzheit inne werden und ihn in dieser seiner Ganzheit bejahen. Das aber vermag er nur, wenn er ihm jeweils als seinem Partner in einer bipolaren Situation begegnet. Und damit seine Einwirkung auf ihn eine einheitlich sinnvolle sei, muß er diese Situation jeweils nicht bloß von seinem eigenen Ende aus, sondern auch von dem seines Gegenübers aus in all ihren Momenten erleben; er muß die Art von Realisation üben, die ich Umfassung nenne. Obzwar es aber darauf ankommt, daß er auch im Zögling das Ich-Du-Verhältnis erwecke, daß dieser also ebenfalls ihn als diese bestimmte Person meine und bejahe, so könnte doch die besondere erzieherische Beziehung nicht Bestand haben, wenn der Zögling seinerseits die Umfassung übte, also den Anteil des Erziehers an der gemeinsamen Situation erlebte. Ob das Ich-Du-Verhältnis nun endet oder aber den ganz andersartigen Charakter einer Freundschaft annimmt, es erweist sich, daß der spezifisch erzieherischen Beziehung als solcher die volle Mutualität versagt ist.

Ein anderes, nicht minder aufschlußreiches Beispiel für die normative Beschränkung der Mutualität bietet uns die Beziehung zwischen einem echten Psychotherapeuten und seinem Patienten. Wenn er sich damit begnügt, diesen zu »analysieren«, d.h. aus seinem Mikrokosmos unbewußte Faktoren ans Licht zu holen und die durch ein solches Hervortreten verwandelten Energien an eine bewußte Lebensarbeit zu setzen, mag ihm manche Reparatur gelingen. Er mag bestenfalls einer diffusen, strukturarmen Seele helfen, sich einigermaßen zu sammeln und zu ordnen. Aber das, was ihm hier eigentlich aufgetragen ist, die Regeneration eines verkümmerten Person-Zentrums wird er nicht zu Werke bringen. Das vermag nur, wer mit dem großen Blick des Arztes die verschüttete latente Einheit der leidenden Seele erfaßt, und das ist eben nur in der partnerischen Haltung von Person zu Person, nicht durch Betrachtung und Untersuchung eines Objekts zu erlangen. Damit er die Befreiung und Aktualisierung jener Einheit in einem neuen Einvernehmen der Person mit der Welt kohärent fördere, muß er, wie jener Erzieher, jeweils nicht bloß hier, an seinem Pol der bipolaren Beziehung, sondern auch mit der Kraft der Vergegenwärtigung am anderen Pol stehen und die Wirkung seines eigenen Handelns erfahren. Wieder aber würde die spezifische, die »heilende« Beziehung in dem Augenblick enden, wo es dem Patienten beifiele und gelänge, seinerseits die Umfassung zu üben und das Geschehen auch am ärztlichen Pol zu erleben. Heilen wie erziehen kann nur der gegenüber Lebende und doch Entrückte.

Am nachdrücklichsten wäre die normative Beschränkung der Mutualität wohl am Beispiel des Seelsorgers darzulegen, weil hier eine Umfassung von der Gegenseite her die sakrale Authentizität des Auftrags antasten würde.

Jedes Ich-Du-Verhältnis innerhalb einer Beziehung, die sich als ein zielhaftes Wirken des einen Teils auf den anderen spezifiziert, besteht kraft einer Mutualität, der es auferlegt ist, keine volle zu werden.

46 Schuld ist nicht in der Seele, sondern im Sein

Der gültige Wissenschaftsbereich der Psychotherapie sind die »inneren« Reaktionen des Individuums auf sein – passives und aktives – Erleben, die jeweilige Verarbeitung des biographischen Geschehens, sei es in bewußten, sei es in unbewußten Prozessen. Das Verhältnis des Patienten zu einem Menschen, mit dem er in einem sein eigenes Leben stark bestimmenden Kontakt steht, ist für den Psychotherapeuten als solchen nur insofern von Wichtigkeit, als seine Auswirkungen in der Psychik des Patienten zum Verständnis von dessen Erkrankung dienen können; das Verhältnis selber in seiner Gegenseitigkeitsrealität, die sinnvolle Tatsächlichkeit des zwischen den beiden Menschen Geschehenen und Geschehenden, transzendiert seine Aufgabe, wie es seine Methode transzendiert. Er hält sich daran, was seine erschließende Arbeit am Patienten ihm von dessen inneren Zusammenhängen zugänglich macht. Und doch darf, ja muß er, wenn er nicht bloß seiner Pflicht den Gesetzen seines Faches und ihrer Anwendung gegenüber, sondern auch der dem Dasein und der Not des Menschen gegenüber Genüge tun will, den Blick immer wieder dahin wenden, wo nicht mehr bloß ein Seiendes sich zu sich selber, sondern Seiendes sich zu Seiendem verhält, dieses Seiende hier, der »Patient«, zu einem andern, dem Arzt nicht »gegebenen« Seienden, und vice versa. Diese andere Person, diese anderen Personen kann der Psychotherapeut nicht in seine Arbeit einbeziehen, es ist nicht an ihm, sich mit ihnen zu befassen, und doch darf er sie in ihrer Wirklichkeit nicht vernachlässigen, er muß diese ihre Wirklichkeit so zureichend als möglich zu fassen bekommen, insofern sie in das Verhältnis zwischen ihnen und dem Patienten eingegangen ist.

Mit der größten Intensität zeigt sich dieser Sachverhalt an dem Problem, das uns hier beschäftigt. Der Psychotherapeut hat es innerhalb seiner Methodik nur mit Schuldgefühlen, bewußten und »unbewußten«, zu tun (schon Freud hat um den Widerspruch gewußt, der in dem Begriff unbewußter Gefühle liegt). Aber innerhalb eines umfassenden Dienstes um Erkenntnis und Hilfe muß er der Schuld selber gegenübertreten, als einem ontisch charakterisierten Etwas, dessen Ort nicht die Seele, sondern das Sein ist. Er wird das freilich auf die Gefahr hin tun, daß durch die neue Erkenntnis auch die ihm obliegende Hilfe modifiziert werden könnte, so daß er seiner Methode Ungewohntes abfordern, ja sogar aus den gesicherten Regeln seiner Schule treten müßte. Aber ein »Seelenarzt«, der es wirklich ist, d.h. der das Werk der Heilung nicht betreibt, sondern in es jeweils als Partner eintritt, ist eben ein Wagender.

47 Schuldig sein heißt Bei-sich-bleiben

Zur Erläuterung wähle ich den Begriff der Schuld. Heidegger, der immer von der »Alltäglichkeit« ausgeht (wovon noch zu reden sein wird), geht hier von der durch die deutsche Sprache dargebotenen Situation aus, daß jemand einem Anderen »schuldig ist«, sodann von der Situation, daß jemand an etwas »schuld ist«, und dringt von da aus zu der Situation vor, daß jemand an einem Andern »schuldig wird«, d.h. daß er einen Mangel im Dasein eines Anderen verursacht, daß er Grund wird für einen Mangel im Dasein eines Anderen. Aber auch dies ist nur eine Verschuldung und nicht das ursprüngliche und eigentliche Schuldigsein, aus dem es erst hervorgeht und durch das es ermöglicht wird. Das eigentliche Schuldigsein ist nach Heidegger, daß das Dasein selber schuldig ist. Das Dasein ist »im Grunde seines Seins ›schuldig‹«. Und zwar ist das Dasein dadurch schuldig, daß es sich selbst nicht erfüllt, daß es in dem sogenannten Allgemeinmenschlichen, in dem »Man« steckenbleibt und nicht das eigene Selbst, das Selbst des Menschen zum Sein bringt. In diese Lage hinein erklingt der Ruf des Gewissens. Wer ruft hier? Das Dasein selbst ruft. »Das Dasein ruft im Gewissen sich selbst.« Das

Dasein, das durch die Schuld des Daseins nicht zum Sein des Selbst gelangt ist, ruft sich selber auf, sich auf das Selbst zu besinnen, sich zum Selbst freizumachen, aus der »Uneigentlichkeit« zur »Eigentlichkeit« des Daseins zu kommen.

Heidegger hat recht darin, daß alles Verständnis von Verschuldung auf ein ursprüngliches Schuldigsein zurückgehen muß. Er hat recht darin, daß wir ursprüngliches Schuldigsein zu entdecken vermögen. Aber wir vermögen es nicht dadurch, daß wir einen Teil des Lebens abschnüren, den Teil, wo das Dasein sich zu sich selber und zu seinem eigenen Sein verhält, sondern dadurch, daß wir des ganzen Lebens ohne Reduktion inne werden, des Lebens, darin der einzelne Mensch sich gerade zu etwas anderem als er selbst wesentlich verhält. Das Leben vollzieht sich nicht darin, daß ich mit mir selbst das rätselhafte Brettspiel spiele, sondern darin, daß ich vor die Gegenwärtigkeit eines Seins gestellt bin, mit dem ich keine Spielregeln vereinbart habe und mit dem sich keine vereinbaren lassen. Die Gegenwärtigkeit des Seins, vor die ich gestellt bin, wechselt ihre Gestalt, ihre Erscheinung, ihre Offenbarung, sie ist anders als ich, oft erschreckend anders, und anders als ich sie erwartet habe, oft erschreckend anders. Halte ich ihnen stand, gehe ich auf sie ein, begegne ich ihnen wirklich, d.h. mit der Wahrheit meines ganzen Wesens, dann, und nur dann, bin ich »eigentlich« da: ich bin da, wenn ich *da* bin, und wo dieses »Da« ist, das wird jeweils weniger von mir, als von der ihre Gestalt und Erscheinung wandelnden Gegenwärtigkeit des Seins bestimmt. Wenn ich nicht wirklich da bin, bin ich schuldig. Wenn ich auf den Ruf des gegenwärtigen Seins »Wo bist du?« antworte: »Da bin ich«, aber ich bin nicht wirklich da, d.h. nicht mit der Wahrheit meines ganzen Wesens, dann bin ich schuldig. Das ursprüngliche Schuldigsein ist das Bei-sich-bleiben. Zieht aber eine Gestalt und Erscheinung des gegenwärtigen Seins an mir vorüber, und ich war nicht wirklich da, dann kommt aus der Ferne ihres Verschwindens ein zweiter Ruf, so leise und heimlich, als käme er aus mir selbst: »Wo bist du gewesen?« *Das* ist der Ruf des Gewissens. Nicht mein Dasein ruft mich, sondern das Sein, das nicht ich ist, ruft mich. Antworten aber kann ich nun erst der *nächsten* Gestalt; die gesprochen hat, ist nicht mehr zu erreichen. (Diese nächste Gestalt kann selbstverständlich zuweilen derselbe Mensch sein, aber dann eben eine andere, spätere, veränderte Erscheinung von ihm.)

48 Die Erhellung der Schuld

Wenn dem Therapeuten eine Existentialschuld seines Patienten erkennbar wird, kann er – das sahen wir – diesem nicht den Weg zur Welt zeigen, den jener vielmehr als seinen eigenen persönlichen Weg suchen und finden muß; der Arzt kann ihn nur bis zu dem Punkt hin leiten, von dem aus er den persönlichen Weg oder doch seinen Anfang zu erblicken vermag. Damit der Arzt dies aber könne, muß er auch um die allgemeine, allem großen Handeln des Gewissens gemeinsame Art des Wegs wissen und um den Zusammenhang, der zwischen der Natur der Existentialschuld und der Natur dieses Wegs besteht.

Um hier aber keinem Irrtum zu verfallen, müssen wir darauf achten, daß es drei verschiedene Sphären gibt, in denen Schuldsühnungen sich vollziehen können und zwischen denen sich manchmal merkwürdige Relationen stiften; nur eine dieser Sphären, die wir als die mittlere bezeichnen wollen, geht den Therapeuten, den ich meine, direkt an.

Die erste Sphäre ist die des Rechtes. Die Handlung beginnt hier mit der – ins Werk gesetzten oder latenten – Forderung, die die Gesellschaft ihren Gesetzen gemäß an den Schuldigen stellt; die Vorgänge des Vollzugs heißen Geständnis, Strafverbüßung und Schadloshaltung. Mit dieser Sphäre hat der Therapeut naturgemäß nichts zu tun; ihm als Arzt steht nicht einmal ein Urteil darüber zu, ob die Forderung der Gesellschaft zu Recht besteht oder nicht; sein Patient, der Schuldige, mag an der Gesellschaft schuldig sein oder nicht, ihr Gericht über ihn mag gerecht sein oder nicht, ihn, den Arzt als Arzt, betrifft das nicht, er ist hier unzuständig, und in seine Beziehungen zum Patienten darf diese problematische Themenstellung keinen Einlaß finden, mit Ausnahme der etwa unvermeidlichen Beschäftigung mit der Angst des Patienten vor den gesellschaftlichen Strafen, Rügen und Boykotten.

Aber auch die dritte und höchste Sphäre, die des Glaubens, kann nicht seine Sache sein. Hier beginnt die Handlung im Raum zwischen dem Schuldigen und seinem Gott und verbleibt darin. Sie vollzieht sich ebenfalls in drei Vorgängen, die jenen drei entsprechen, aber ganz anders als jene untereinander zusammenhängen; es sind das Sündenbekenntnis, die Reue und das Bußopfer in seinen verschiedenen Gestalten. Der Arzt darf, eben als solcher, an diese Sphäre nicht einmal dann rühren, wenn er und der Patient in der gleichen Glaubensgemeinschaft stehen; hier hat kein Mensch das Wort, es sei denn einer, den der Schuldige als einen Hörer und Sprecher anerkennt, der die von ihm, dem Schuldigen, geglaubte Transzendenz vertritt. Auch wenn dem Therapeuten das Glaubensproblem in der von ihm in der Analyse erschlossenen Angst des Patienten vor der göttlichen Strafe entgegentritt, kann er hier nicht eingreifen, ohne – auch bei großen Geistesgaben – einem gefährlichen Dilettantismus zu verfallen.

Die mittlere Sphäre, in deren Sicht – bis zu ihr, wie gesagt, und nicht weiter – der Therapeut führen darf, die Sphäre also, um die er zu diesem Behuf *wissen* muß, mögen wir die des Gewissens nennen, mit einer Einschränkung jedoch, von der ich sogleich reden werde. Auch die vom Gewissen geforderte Handlung vollzieht sich in drei Vorgängen, die ich die Selbsterhellung, die Beharrung und die Sühnung nenne und die ich noch näher bestimmen will.

Gewissen heiße uns die Fähigkeit und Tendenz des Menschen, innerhalb seines vergangenen und künftigen Verhaltens radikal zu unterscheiden zwischen zu Billigendem und zu Mißbilligendem, wobei die Mißbilligung im allgemeinen weit stärker gefühlsbetont ist, wogegen die Billigung von Vergangenem zuweilen erschreckend leicht in eine recht fragwürdige Selbstzufriedenheit übergeht. (Es können natürlich, besonders wo es sich um Geschehenes handelt, nicht bloß Taten, sondern auch Unterlassungen, nicht bloß Entscheidungen, sondern auch Entscheidungslosigkeiten, ja auch eben erst aufgestiegene oder erinnerte Vorstellungen und Wünsche solchermaßen unterschieden und notfalls verworfen werden.) Um diese Fähigkeit und Tendenz genauer zu verstehen, muß man sich vergegenwärtigen, daß unter allen uns bekannten Lebewesen der Mensch allein zu distanzieren vermag, und zwar nicht bloß seine Umwelt [vgl. »Urdistanz und Beziehung«], sondern auch sich selber, so daß er für sich zum abgelösten Gegenstand wird, über den er nicht nur »reflektieren«, sondern den er jeweils sowohl bestätigen als verwerfen kann. Das Gewissen ist dabei zwar inhaltlich sehr vielfach von den Geboten und Verboten der Gesellschaft bestimmt, der sein Träger angehört, oder denen der Tradition, der er glaubensmäßig verhaftet ist; aber es selber kann weder als eine Introjektion der einen noch als eine der anderen Autorität begriffen werden, und zwar weder ontogenetisch noch phylogenetisch. Die Tafeln des

Sollens und Nichtsollens, unter denen dieser Mensch aufgewachsen ist und lebt, determinieren nur Konzeptionen, die im Bereich des Gewissens walten, nicht aber dessen Bestand selber, der eben in jener Distanzierung und jener Scheidung, Urqualitäten der Menschengattung, begründet ist. Die mehr oder minder verborgenen Kriterien, die das Gewissen bei seinen Akzeptationen und Ablehnungen anwendet, decken sich nur selten völlig mit einem von der Gesellschaft oder Gemeinschaft überkommenen Standard. Damit hängt es zusammen, daß das Schuldgefühl kaum je gänzlich von Vergehen gegen ein Tabu des Hauses oder der Sozietät abzuleiten ist. Die Gesamtheit der Ordnung, die ein Mensch als von ihm verletzt oder verletzbar empfindet, transzendiert in irgendeinem Maße die Gesamtheit der ihn bindenden elterlichen und gesellschaftlichen Tabus. Nicht selten hängt die Tiefe des Schuldgefühls gerade mit diesem nicht dem Tabufrevel zuzurechnenden Teil des Schuldigseins, also mit der Existentialschuld zusammen.

Die Einschränkung, von der ich sprach, will somit sagen, daß unser Gegenstand die Beziehung des Gewissens zur Existentialschuld ist. Seine Beziehung zu den Tabuvergehen geht uns hier nur insofern an, als ein Schuldiger diese stärker oder schwächer als wirkliche Existentialschuld versteht, für die er die Verantwortung nicht üben kann, ohne sein Verhältnis zu seinem eigenen Wesen zu verantworten.

Das Vulgärgewissen, das sich zwar auf das Zwicken und Zwacken trefflich versteht, aber unfähig ist, der Schuld auf ihren Grund und Abgrund zu kommen, wird freilich zu solcher Verantwortung nicht aufzurufen vermögen. Dazu bedarf es eines größeren, eines ganz personhaft gewordenen Gewissens, das den Blick in die Tiefe nicht scheut und schon im Mahnen den Weg intendiert, der hinüberführt. Aber man meine ja nicht, dieses Persongewissen sei etwelchen

»höheren« Menschen vorbehalten. Die schlichte Kreatur, die sich in sich sammelt, um den Durchbruch aus der Schuldverstrickung zu wagen, hat dieses Gewissen. Und es ist eine große, noch nicht zureichend erkannte Aufgabe der Erziehung, das Gewissen von seinen niederen Gemeinformen zur Gewissensschau und zum Gewissensmut zu erheben. Denn es ist dem Gewissen des Menschen eingeboren, sich erheben zu können.

Aus dem Gesagten geht wohl schon zur Genüge hervor, daß der uralte Begriff des Gewissens, wofern er nur als ein dynamischer und nicht als ein instanzhaft statischer verstanden wird, realistischer ist als der moderne Strukturbegriff des Über-Ich, dem nur eine orientative Bedeutung zukommt, und dazu noch eine, die den Neuling leicht falsch orientiert.

Von hier aus kann der Mensch die dreifache Handlung unternehmen, auf die ich hingewiesen habe: fürs erste das Dunkel erhellen, das trotz aller bisherigen Aktion des Gewissens noch rings um die Schuld webt, es nicht mit Scheinwerfern erhellen, sondern mit einer breiten und dauernden Lichtwelle; fürs zweite – und wäre er in der Wirklichkeit seines gegenwärtigen Lebens noch so hoch über jenen Stand der Schuld gestiegen – in dem neu erworbenen demütigen Wissen um die Identität der jetzigen mit der damaligen Person beharren; und fürs dritte, die einst durch ihn verletzte Seinsordnung an seinem Orte und nach seinem Vermögen in den ihm geschichtlich und biographisch gegebenen Situationen durch das Verhältnis einer aktiven Hingabe zur Welt wiederherstellen. Denn die Wunden der Seinsordnung können an unbestimmbar vielen anderen Orten geheilt werden, als an denen sie geschlagen wurden.

Damit das in dem Maße gelinge, das diesem Menschen überhaupt erreichbar ist, muß er die Kräfte und Elemente seines Wesens sammeln und die so gewonnene Einheit immer wieder vor dem drohenden Zwiespalt und Widerspruch hüten. Denn, um mich selbst zu zitieren [»Bilder von Gut und Böse«], man kann das Böse nicht mit ganzer Seele tun, man kann das Gute nur mit ganzer Seele tun. Was einer sich erst abringen muß, ist noch nicht das Gute; erst wenn er sich selbst errungen hat, gerät das Gute durch ihn.

49 Aus zwei Briefen zur Psychoanalyse

Heppenheim, 23.4.1937

Lieber Hermann Gerson –
Natürlich bin ich nicht »gegen eine Analyse als therapeutisches Mittel« – das hätte doch gar keinen Sinn! Es geht aber z.B. darum, daß bei Erkrankungen der »Seele« der Begriff der Therapie selber zweideutig und problematisch und klärungsbedürftig wird. Wenn X statt seines fleischernen Herzens, das ihn unerträglich schmerzte und peinigte (u.d.h. mahnte, stachelte usw.) ein zuverlässiges Uhrwerk bekäme, das gar nicht mehr weh täte, wäre er »geheilt«?

Geben wir nur, mein Lieber, der kritischen Frage auf allen Gebieten Raum, mir solls recht sein! Aber Raum auch der Kritik der Kritik! Es gibt keine so schlimme Dogmatik wie eine Kritik, die sich dogmatisch benimmt. Und manche (nicht jede) Psychoanalytik tut das schon mit ihrem angeblich der Nachprüfung unbedürftigen Anspruch, die Psyche wie ein Raumding *analyein* [im Original in griechischen Buchstaben: analysieren, L.W.] zu können. Mir ist es doch gerade um Kritik der verwendeten Begriffe und Prämissen zu tun. [...]

171

Dear Dr. Farter,

[...] Die Themen der beiden andern Vorlesungen sind 1. Schuld und die moderne Psychologie [Schuld und Schuldgefühle, Erstdruck im Merkur 1957, 8. Heft; selbständig Heidelberg 1958; I, 475 ff.] und 2. Grundbegriffe der Psychologie. Über das erste hat mir Friedman nach seiner Unterredung mit Ihnen geschrieben. Das zweite wird Gelegenheit geben, sich mit den Theorien über das Unbewußte und mit Freuds Traumtheorie auseinanderzusetzen.

Beide zusammen stellen den Vortragenden, der selber kein Psychologe ist, aber seine kritische Haltung Menschen darzulegen hat, die in der Gedankenwelt der modernen Psychologie leben, vor große Schwierigkeiten. Deshalb ist eine gründliche Diskussion notwendig. Aber der Hauptteil davon könnte und sollte in das Seminar verlegt werden, das der Neu-Untersuchung der geltenden psychologischen Begriffe und der Erläuterung einiger von mir eingeführter anthropologischer Begriffe wie Annahme, Bestätigung usw. gewidmet wird.

Grundlage der Seminararbeit sollten einigermaßen systematische Fragen von seiten der teilnehmenden Psychologen sein. Damit diese mehr oder weniger systematisch sind, sollte die Reihenfolge der Probleme vorher überlegt und auch mir vorher mitgeteilt werden. Es ist natürlich wünschenswert, daß psychotherapeutische Fälle (in Kürze) als Beispiele verwendet werden. Aber es muß Klarheit darüber herrschen, daß ich mich nicht mit der psychotherapeutischen Seite der Sache befassen kann, soweit nicht prinzipielle Fragen daraus erwachsen.

Ich bin Ihnen dankbar für das sehr interessante Material, das Sie mir geschickt haben, vor allem für die Bücher von Sullivan. Die Kapitel, die ich bisher gelesen habe, sind überaus anregend, und der praktische Hauptgesichtspunkt ist anscheinend tatsächlich dem meinen sehr nahe.[…]

50 Bestätigen und Bestätigtwerden

Ich erinnere mich, vor mehr als 40 Jahren in einem Buche von Chesterton (nicht wörtlich, aber ungefähr) gelesen zu haben, die Lösung der sozialen Frage sei darin zu finden, daß jeder sein eigenes Haus habe. Dieser Tage las ich in der Zeitung, der Ministerpräsident von Burma habe seinem Volke einen »Wohlfahrtsstaat« versprochen, in dem jeder Bürger sein eigenes Haus haben sollte. Dergleichen klingt unseren Ohren wie eine romantische Utopie, also wie eine Utopie, der die schätzbarste Eigenschaft einer Utopie fehlt: unromantisch zu sein. Aber es ist nicht so romatisch und auch nicht so utopisch, wie es klingt; denn es hängt mit einer jener Urforderungen des Menschenherzens zusammen, die irgend einmal, über Nacht, in die Praxis einbrechen und hier selbstverständlich werden. Der Mensch *muß* nicht nur wohnen, er *will* es auch. Und er will in einem Haus wohnen. »Haus« aber bedeutet in der unvergänglichen Ursprache des Menschenherzen: mein Haus, dein Haus, eines Menschen eigenes Haus. Das Haus ist der feste Würfel, den der Mensch der Unheimlichkeit des Weltraums abgetrotzt hat; es ist seine Wehr gegen das Chaos, das zu ihm einzudringen droht. Darum geht sein tiefer Wunsch darauf, daß es sein eigenes Haus sei, das er mit keinem andern als mit den Seinen zu teilen brauche.

All dies jedoch ist nur noch Voraussetzung für das Eigentliche, wenn wir erst dahin gelangt sind, die essentielle menschliche Wirklichkeit nicht mehr als eine des individuellen Lebens (ebensowenig wie als eine des kollektiven) zu sehen, sondern als etwas, das sich zwischen Mensch und Mensch, zwischen Ich und Du vollzieht. Denn das Haus des Menschen, um das es ihm geht, steht dann nicht mehr irgendwo, gleichviel wo, meinetwegen in einer reizvollen Isolierung, wenn er nur von da mühelos zu seiner Arbeitsstätte kommen kann, wo er vielleicht soundso viele Stunden einen Raum mit »fremden« Menschen teilen muß, um sie alsdann schnell und gründlich zu verlassen und »nach Hause« zu fahren. Sondern das Haus des Menschen, um das es ihm geht, steht jetzt zwischen Häusern, zwischen Nachbarhäusern, zwischen den Häusern seiner Nachbarn. Das uneingestandene Geheimnis des Menschen ist, daß er in seinem Wesen und seiner Existenz von seinen Mitmenschen bestätigt werden will und daß er wünscht, sie möchten ihm ermöglichen, sie zu bestätigen, und zwar jenes und dieses nicht bloß in der Familie und dazu noch in der Parteiversammlung oder im Wirtshaus, sondern auch im Verlauf der nachbarlichen Begegnungen, etwa wenn er und der andere aus der Tür seines Hauses oder an das Fenster seines Hauses tritt und der Gruß, mit dem sie einander begrüßen, von einem wohlwollenden Blick begleitet wird, einem Blick, in dem die Neugier, das Mißtrauen und die Routine durch eine gegenseitige Teilnahme überwunden worden sind: der eine gibt dem anderen zu verstehen, daß er sein Vorhandensein billigt. Dies ist das unentbehrliche Minimum der Humanität. Soll die Menschenwelt eine menschliche Welt sein, so muß Unmittelbarkeit zwischen den Menschen walten, und so auch zwischen Menschenhaus und Menschenhaus. Und wie in allem, so müssen auch hier die institutionelle und die erzieherische Einwirkung einander ergänzen. Das heimliche Verlangen des Menschen nach einem Leben in gegenseitiger Bestätigung muß durch Erziehung entfaltet werden, aber es müssen auch die äußeren Bedingungen geschaffen werden, deren es bedarf, um seine Erfüllung zu finden. Den Baumeistern muß die Aufgabe gestellt werden, auch für den menschlichen Kontakt zu bauen, Umgebungen, die zur Begegnung einladen, und Zentren, die die Begegnung gestalten.

51 Heilen, Begegnen, Bestätigen

Dr. Nelkin: Führt Ihre Theorie zu dem Schluß, daß Heilung eher durch Begegnung zustandekommt als durch Einsicht und Analyse?

Buber: Eine bestimmte sehr wichtige Art der Heilung – existentielle Heilung – kommt so zustande: Heilung, bei der nicht nur ein bestimmter Teil des Patienten, sondern wirklich die Wurzeln seines Seins erfaßt werden.

Nelkin: Was halten Sie davon, zu sagen, daß Heilung zur Begegnung führt? Patienten finden Mittel und Wege, um Begegnung zu vermeiden, und das bezeichnen wir als Krankheit. Wenn nun aber diese Mittel aufgegeben werden, kann dann Begegnung stattfinden?

Buber: Ich habe Zweifel daran. Meinen Sie, daß der *Patient* die Ursache dafür ist, daß die Begegnung nicht stattfindet? Es gibt bestimmte Schwierigkeiten auf seiten des Patienten, und andere, vielleicht nicht weniger, auf seiten des Therapeuten. Nicht jeder ist ein Therapeut, der sich dafür hält, obwohl er studiert hat und die erforderlichen Fähigkeiten besitzt. Betrachten wir einmal die Art der Beziehung, die Vertrauen genannt wird – existentielles Vertrauen einer ganzen Person zu einer andern. Was wir im gewöhnlichen

Leben Vertrauen nennen, spielt im Bereich der Heilung eine besondere Rolle, und solange es da noch nicht vorhanden ist, ist das Bedürfnis, das, was verdrängt wurde, in die Hände des Therapeuten zu geben, nicht wirklich da. Ich kenne in Europa Therapeuten ziemlich nahe, die sehr begabt waren und eine Menge wußten, Meister der Methoden, die erkannten, daß es eine lange Zeit braucht, um die Schwierigkeiten des Patienten zu überwinden (denen aber kein Vertrauen entgegengebracht wurde).

Friedman: Tritt nach Ihrer Ansicht vom Unbewußten und von der Heilung ›Bestätigung‹ an die Stelle von Beobachtung und Übertragung oder ergänzen sich Übertragung und Bestätigung, oder schließen sie einander ein?

Buber: Lassen Sie uns diese Frage zweiteilen: Bestätigung ist in diesem Zusammenhang ein zu allgemeiner Begriff. Die Art der Bestätigung müßte näher bestimmt werden. Zweitens: Bestätigung ersetzt nicht Übertragung. Wenn aber Begegnung der entscheidende Faktor ist, würden sich auch die andern Begriffe verändern, in ihrer Bedeutung wie in ihrer Dynamik. Alles verändert sich in der wirklichen Begegnung. Bestätigung kann als etwas Statisches mißverstanden werden. Ich begegne einem andern – ich nehme ihn an und bestätige ihn so, wie er jetzt ist. Aber eine Person bestätigen so wie sie ist, ist nur der erste Schritt, denn Bestätigung bedeutet nicht, daß ich ihre Erscheinung in diesem Augenblick als die Person verstehe, die ich bestätigen will. Ich muß darunter die andere Person in ihrer dynamischen Existenz, in ihrer spezifischen Möglichkeit verstehen. Wie kann ich bestätigen, was ich am meisten in seinem gegenwärtigen Sein bestätigen will? Es ist das Verborgene, denn im Gegenwärtigen liegt das, was werden kann, verborgen. Was in ihm angelegt ist, macht sich mir als das fühlbar, was ich am meisten bestätigen möchte. (In religiösen Begriffen: der Schöpfungssinn in ihm).

Friedman: Gibt es für die Therapie eine bestimmte Art von Bestätigung?

Buber: Ich neige dazu zu denken, daß sich in der schwersten Krankheit, die im Leben einer Person auftritt, zugleich die höchste Möglichkeit dieser Person kundgibt.

52 Die »fremden Gedanken« verwandeln

Die Sage erzählt, in den Tagen des Baal-Schem-Tow sei ein Mann um der wunderbaren Eigenschaften seines Geistes willen berühmt geworden. Die Chassidim fragten ihren Meister, ob es für sie angemessen sei, zu jenem Mann zu fahren und ihn zu prüfen. »Fahrt nur«, sagte er. Wieder fragten sie: »Woran sollen wir erkennen, ob er ein wirklicher Zaddik ist?« »Verlanget von ihm einen Rat«, antwortete der Baal- Schem-Tow, »wie die ›fremden Gedanken‹ zu verjagen sind. Gibt er euch einen Rat, so wißt ihr, daß es ein nichtiger Mann ist. Denn um dieses muß der Mensch bis zu seinem letzten Augenblick ringen, und eben das ist der Dienst des Menschen in der Welt.« Die fremden Gedanken, die den Menschen in den Stunden des Betens und Lernens anwandeln, um seinen Sinn abzulenken und ihn zu verführen, daß er die Dinge begehre, die sie ihm vor den inneren Blick heben, – groß ist ihre Bestimmung im Zusammenhang des Lebens, und wir dürfen nicht wollen, daß sie uns völlig verlassen. In unserer Sprache: die Phantasie – denn von ihr ist die Rede –, die uns von der Wahrheit hinwegziehen will, ist ein notwendiges Element in deren Dienst. Nicht wegstoßen sollen wir ihre Fülle, die unserem Herzen nachstellt, sondern sie in das wirkliche Dasein aufnehmen und einfügen; nur in der Kraft solches Tuns werden wir zu jener Einheit gelangen, die nicht von der Welt absieht, sondern sie umfängt. Dazu aber müssen wir das Schwerste vollziehen: die Verwandlung. Wir sollen das Element, das sich unser bemächtigen will, in Substanz des wahren Lebens verwandeln.

Um dies recht zu verstehen, müssen wir vor allem etwas Wesentliches erfassen: die »fremden Gedanken«, ihr Kommen zum Menschen und ihr Wirken an ihm sind in den Augen des Baal-Schem-Tow nicht, was wir ein psychologisches Phänomen nennen, sondern ein Phänomen, das der kosmischen Sphäre angehört und sogar über sie hinausreicht. In jedem von ihnen weilt ein Funke, der aus der urfrühen Umwälzung der oberen Welten, aus dem »Zerbrechen der Gefäße« in der Sprache der Kabbala, stammt. Sie sind »klare Lichter«, »die in die Tiefen gesunken sind und schmutzige Kleider angetan haben«. Von diesem seinem Kerker aus bangt der Funke danach, erlöst zu werden, und diese seine Bangnis ist die treibende Kraft, die die »fremden Gedanken« zum Menschen bringt. Gelingt es diesem, den reinen Funken aus der dämonischen »Schale« zu befreien, so hilft er ihm, zu seinem göttlichen Ursprung zurückzukehren. So hat der Baal-Schem-Tow den Schriftvers gedeutet, der der schönen Frau gebietet, die ein Mann in ihrer Gefangenschaft sah und nach ihr verlangte und sie sich zum Weibe nahm: »Sie tue das Gewand ihrer Gefangenschaft von sich.« Man soll den fremden Gedanken nicht so annehmen, wie er erscheint, in seinen befleckten Kleidern, sondern man tue sie von ihm ab, dann geht sein Licht wie das Morgenrot auf. Recht eigentlich ist es ja die göttliche Wesenheit selber, die sich in den »fremden Gedanken« birgt und will, daß man sie in ihnen finde, zu ihr durchbreche und sie befreie; Gott selber tritt uns an und fordert uns an.

Was wir als Phantasie bezeichnen, ist somit kein freies Spiel der Seele, sondern jeweils eine faktische Begegnung mit faktischen Elementen des Seins, die außerhalb von uns sind, und worauf es ankommt, ist, sich den uns erscheinenden Phantasiegebilden nicht hinzugeben, sondern den Kern von der Schale zu trennen und jene Elemente selber zu erlösen. Was wir lediglich in unserer Seele zu wirken vermeinen, wirken wir in Wahrheit am Schicksal der Welt. Wer daran nicht glaubt, nimmt »das Joch des Himmelreichs« nicht vollkommen auf sich, denn er verkürzt die Wirklichkeit Gottes. Wer das Joch des Himmelreichs vollkommen auf sich nimmt, weiß jedesmal: »Nicht umsonst ist dieser Gedanke zu mir gekommen, sondern damit ich ihn erhebe, und wenn nicht jetzt, wann denn?«

Von hier aus gewinnen wir eine Einsicht in die Beziehung zwischen Gut und Böse, die durchaus verschieden ist von der gewohnten nur-ethischen Anschauung. In der Einsicht, die wir gewinnen, ist die Lehre des Talmuds, man müsse Gott mit beiden Trieben dienen, das heißt, alle in den Begierden ausbrechende Kraft in den Dienst einströmen lassen, mit der Lehre der Kabbala von den gefallenen Funken verschmolzen. Die Schechina umfaßt beides, das »Gute« und das »Böse«, aber das Böse nicht als selbständige Substanz, sondern als »Thron des Guten«, als »die unterste Stufe des völlig Guten«, als die Kraft, die in die Irre greift und die nur der Richtung auf Gott zu bedarf, um »gut« zu werden. Es ist der Dornbusch, der, vom göttlichen Feuer erfaßt, zur Offenbarung Gottes wird.

Der »Böse Trieb« »verstellt sich als ein Diener, der sich gegen seinen Herrn auflehnt«; in Wahrheit aber ist er treu und erfüllt seinen Auftrag. Alle Versuchungen kommen von Gott, der sich in die »bösen« Kräfte kleidet. Aber es sind wirkliche Versuchungen: Der schicksalhafte Ernst der Wahl, das Pathos des immer wiederkehrenden Scheidewegs zu Leben und Tod sind im Gedanken des Baal-Schem-Tow nicht weniger deutlich als zu irgendeiner Zeit, nur daß das Böse und das Gute nicht mehr wie zwei verschiedene Qualitäten voneinander gesondert sind, sondern wie der ungeformte und der geformte Stoff, nicht mehr wie Links und Rechts, sondern wie Unten und Oben, wie Dornbusch und Feuer. Es ist am Menschen, den Dornbusch ganz vom Feuer durchdringen zu lassen. Es ist an ihm, die Liebe zu einem schönen Wesen so zu erheben, daß sie Liebe zum Quell aller Schönheit wird, dem Quell, der das Schöne schön macht: so kehrt die Liebe aus dem Exile heim. Es ist am Menschen, die Furcht, die ihn vor einer menschlichen oder kosmischen Macht ergreift, zur Furcht vor der Macht des Allmächtigen zu erheben, der Furcht, die sich in jene gekleidet hatte: alsbald besteht die Furcht nicht mehr als Angst, sondern als Bewunderung und Verehrung. Es ist am Menschen, die glühende Masse des Zornes zum Gotteseifer umzuschmieden.

Die Sünde ist das Irregreifen der Kraft, aber die irregreifende Kraft selber ist von Gott. »Die Schechina ist von oben bis unten, bis zum Ende aller Stufen, und dies ist das Geheimnis des Spruchs ›Und du belebst sie alle‹. Sogar wenn ein Mensch eine Sünde begeht, kleidet sich die Schechina in ihn. Denn ohne dies wäre in ihm keine Kraft, zu handeln und ein Glied zu rühren … Und dies ist gleichsam das Exil der Schechina.« Bedienen wir uns der Kraft der Schechina, um das Böse zu tun, dann treiben wir sie selber ins Exil.

Da dem so ist, da die Sünde nur der irregehende Ausbruch einer großen Kraft ist, die von der Schechina kommt, können wir das Geheimnis der Lust verstehen, die der Sündigende empfindet, aber auch das Mysterium der Umkehr. Denn wer gesündigt hat, ist noch nicht verloren. Hast du durch deine Sünde die Funken verstoßen, so hast du ihnen noch nicht den Aufstieg versperrt, es ist in deinem Vermögen, sie zu erheben, durch deine Umkehr. Das ist's, was von Gott gesagt wird, daß er »die Verfehlung trägt«: er trägt und erhebt sie in die obere Welt. Darum ist der Frevler, der voller Begier und zur Umkehr befähigt ist, Gott lieber als der anscheinend Gerechte, der alle äußeren Gebote ohne die wahre Hingabe des Herzens, ohne das »Anhaften« erfüllt und vor dem, da er sich als vollkommen ansieht, die Tore der Umkehr verriegelt sind. Aber auch unter den wirklichen Gerechten gibt es zwei Gattungen. Man erkennt sie an ihrer Beziehung zum Bösen Trieb. Der eine benimmt sich wie ein Mensch, der nachts merkt, daß ein Dieb sich in seinen Laden eingeschlichen hat, und aufschreit: der Dieb entflieht und alles ist, als sei es nicht gewesen. Der andere gleicht einem, der den Dieb nicht stört, sondern ihn sich nähern läßt, bis er ihn packen und fesseln kann. Der erste verjagt das Böse, der zweite verwandelt es in Gutes; und von diesem gilt der Spruch: »Wer ist ein Held? Wer seinen Trieb bändigt.« Er nötigt den Bösen Trieb, ihn zu lehren, und er lernt von ihm. Den Schriftvers »Von jedermann, den sein Herz willig, sollt ihr meine Hebe nehmen« deutete der Baalschem so: Jedermann erkenne und ergreife die Eigenschaft, mit der er Gott zu dienen hat, daraus, wonach er Verlangen trägt.

53 »Hier, wo man steht«

(Beispiel einer therapeutischen Paradoxie)

Den Jünglingen, die zum erstenmal zu ihm kamen, pflegte Rabbi Bunam die Geschichte von Eisik Sohn Jekels in Krakau zu erzählen.

Dem war nach Jahren schwerer Not, die sein Gottvertrauen nicht erschüttert hatten, im Traum befohlen worden, in Prag unter der Brücke, die zum Königsschloß führt, nach einem Schatz zu suchen. Als der Traum zum drittenmal wiederkehrte, machte sich Eisik auf und wanderte nach Prag. Aber an der Brücke standen Tag und Nacht Wachtposten, und er getraute sich nicht zu graben. Doch kam er an jedem Morgen zur Brücke und umkreiste sie bis zum Abend. Endlich fragte ihn der Hauptmann der Wache, auf sein Treiben aufmerksam geworden, freundlich, ob er hier etwas suche oder auf jemand warte. Eisik erzählte, welcher Traum ihn aus fernem Land herbeigeführt habe. Der Hauptmann lachte: »Und da bist du armer Kerl mit deinen zerfetzten Sohlen einem Traum zu Gefallen hergepilgert! Ja, wer den Träumen traut! Da hätte ich mich ja auch auf die Beine machen müssen, als es mir einmal im Traum befahl, nach Krakau zu wandern und in der Stube eines Juden, Eisik Sohn Jekels sollte er heißen, unterm Ofen nach einem Schatz zu graben. Eisik Sohn Jekels! Ich kann's mir vorstellen, wie ich drüben, wo die eine Hälfte der Juden Eisik und die andre Jekel heißt, alle Häuser aufreiße!«

Und er lachte wieder. Eisik verneigte sich, wanderte heim, grub den Schatz aus und baute das Bethaus, das Reb Eisik Reb Jekels Schul heißt.

»Merke dir diese Geschichte«, pflegte Rabbi Bunam hinzuzufügen, »und nimm auf, was sie dir sagt: daß es etwas gibt, was du nirgends in der Welt, auch nicht beim Zaddik, finden kannst, und daß es doch einen Ort gibt, wo du es finden kannst.«

54 Die Forderung

(Eine Heilung durch therapeutische Paradoxie)

Es wird erzählt: »Ein Dorfmann und seine Frau kamen zum Kosnitzer Maggid und baten, er möge für sie, die kinderlos waren, ein Kind erbitten: ›Gebt mir zweiundfünfzig Gulden‹, sagte der Maggid; ›denn dies ist der Zahlenwert des Wortes ›ben‹, Sohn‹. ›Zehn Gulden wollen wir Euch gern geben‹, sagte der Dorfmann; aber der Maggid weigerte sich, sie anzunehmen. Der Mann ging auf den Markt und schleppte einen Sack voller Kupfergeld herbei, das breitete er auf der Tischplatte aus – zwanzig Gulden. ›Seht nur, wieviel Geld!‹ rief er. Aber der Maggid ließ nicht von seiner Forderung ab. Da geriet der Dorfmann in Zorn, raffte das Geld wieder zusammen und sprach zu seinem Weibe: ›Weib, gehen wir, Gott wird uns auch ohne den Maggid helfen!‹ ›Schon habt ihr die Hilfe erwirkt‹, sagte der Maggid, und so war es.

VI Erfahrung, religiöses Denken, Glauben: »Das vollständige Dasein des Menschen«

Im »Schlußwort« seiner »Antwort« auf die Essays und die Kritik der Ethiker, Vertreter der philosophischen Anthropologie, Religionsphilosophen, Theologen, seien sie jüdischer oder christlicher, evangelischer oder katholischer Religion, Pädagogen, Physiker (wie Carl F. von Weizsäcker) greift Buber die These Walter Kaufmanns auf, der 1970 »Ich und Du« neu ins Amerikanische übersetzen und kommentieren wird. Die These, die er voll bejaht, lautet in der Zusammenfassung Bubers: »daß alle Werke meiner Reife, welchem Gebiete immer diese oder jene zugerechnet werden, letztlich einem einzigen Bereich angehören, weil ihr Thema in letzter Instanz ein einziges ist. Walter Kaufmann umschreibt diese Einheit mit dem Begriff des religiösen Denkens. Dem kann ich wohl zustimmen; nur darf es nicht dahin mißverstanden werden, als ob ein Denken von einer Religion aus gemeint sei«[1]. Was er meint und was nicht, belegt er mit einem längeren Zitat aus »Religion und Gottesherrschaft« (1923)[2]: dem »Unwesen der Religion« (B. Welte) steht das religiöse Denken gegenüber; »es intendiert das vollständige Dasein des Menschen«, »die Akzeptanz des Daseins in seiner faktischen Diskontinuität« (dem Wechsel von Ich-Du-Verhältnis und der Sicherheit des Ich-Es-Verhältnisses) und Offenheit.

»Glauben« steht in der frühen Phase von Bubers Denken auf der Seite der verfestigten Religion, also negativ; in dieser Bedeutung ist es von 1902 an und noch in »Ich und Du« (1923) zu verfolgen, und in »Zwei Glaubensweisen« (1950) wird der (paulinische) Glaube das Festgelegtsein auf eine einmalige historische Offenbarung bedeuten, was Buber von dem alten hebräischen Glauben, dem vertrauenden, mitgehenden Bleiben in der Verbindung zu Gott unterscheidet. Aber 1924 taucht in einem Brief an Franz Rosenzweig (Briefwechsel II, Nr. 153) das Wort Glauben in einem positiven, religiösen Sinn auf; sein Sinn sei, wie er später schreiben wird, das »Sich-Stellen und Vernehmen«, das »gelebte Leben im Zwiegespräch: im Angesprochenwerden durch Worte und Zeichen, im Antworten durch Tun und Lassen, durch Standhalten und Verantworten im gelebten Alltag«[3]. Keinesfalls ist also ein dogmatisch umschriebenes Credo gemeint, wenn er um 1936 einen Buchplan »Der Ort des Glaubens« erwägt (Briefwechsel II, Nr. 532; 549f.; 552; 572). Was Buber »religiöses Denken« nennt, läßt sich vielleicht mit dem Wort Glauben strenger fassen: Er schreibt vom »christlichen« Europa aus, wo der Glaubensbegriff zentral steht, und beschwört als Korrektiv dazu, das früh-jüdische Gottesverhältnis, das er, weil es vor dem Gesetz des Moses ansetzt, Glauben nennt, besonders nachdem er die Bibel genauer kennengelernt hat.[4]

»Mit mir stand es so, daß all die in den Jahren 1912-1919 von mir gemachten Seinserfahrungen mir in wachsendem Maße als *eine* große Glaubenserfahrung gegenwärtig wurden. Damit ist eine Erfahrung gemeint, die den Menschen in all seinem Bestande, sein Denkvermögen durchaus eingeschlossen, hinnimmt, so daß durch alle Gemächer, alle Türen aufsprengend, der Sturm weht«[5]. Diese Sätze stehen am Anfang von »Antwort«, der philosophischen Rechenschaft Bubers von 1963; er charakterisiert mit ihnen sein Denken, das von dieser Erfahrung Zeugnis abzulegen hatte. Damit ist seine subjektive Wahrheit, das Überzeugtsein, betont, etwa im Sinne Kierkegaards, nicht ein objektiver Befund, sei es wissenschaftlichpositivistisch oder theologisch, von einem tradierten (und starr geworden) Religionsbekenntnis aus. Gleichzeitig wird an die Subjektivität des Lesers oder Hörers appelliert, der selber erfahren kann, was ihm gezeigt wird.

Mit diesem Insistieren auf der individuellen Verantwortung und auf der subjektiven Überzeugung, die sich an den großen Urkunden authentischen Lebens aus der Vergangenheit orientiert, trifft Buber genau das Empfinden unserer Zeit. Darin läßt sich auch wohl der Zusammenhang und die Geschlossenheit seiner weit auseinander liegenden Arbeiten finden.

———————————

55 »Willst du glauben lernen, liebe!«

Die chassidische Lehre ist die Vollendung des Judentums. Und das ist ihre Botschaft an jedermann: Du mußt selber anfangen. Das Sein wird dir sinnlos bleiben, wenn du nicht selber, liebend-tätig, in es eingehst und den Sinn in ihm erschließest; alles will geheiligt, das heißt in seinem Sinn erschlossen und verwirklicht werden durch dich. Um deines Anfangens willen hat Gott die Welt erschaffen. Er hat sie aus sich entfernt, damit du sie ihm nahebringst. Begegne ihr mit deinem ganzen Wesen, und du begegnest ihm. Das ist seine Gnade, daß er deine Gabe an die Welt selber entgegennimmt. Willst du glauben lernen, liebe!

[J. Günther nennt diesen Satz ein »kieselhartes Paradox«, – in seiner Auslegung dieses Abschnitts: »Die chassidische Botschaft nach Martin Buber«, in: J. Günther, Das sehr ernste Märchen von Gott. Zwischenfragen an Theologie und Kirche, Witten und Berlin 1971, 183-200, L.W.]

56 Der Weg des Glaubens

Es ist nicht die Religion, sondern nur der Glaube des Judentums, über den ich zu Ihnen sprechen will; nicht Kult, Ritual, sittlich-religiöse Norm, sondern Glaube; aber Glaube im ernsten und strengen Sinn. Nicht der »Glaube«, an den sich das Wort »daß« knüpft, nicht jene wunderliche Mischform von Wähnen und Erkennen, sondern der Glaube, der mit dem Dativ konstruiert wird, der also, der

Vertrauen und Treue bedeutet. Damit hängt es zusammen, daß ich nicht von einer jüdischen Theologie ausgehe, sondern von der tatsächlichen Wesenshaltung des gläubigen Juden bis auf unsere Zeit. Wenn ich auch notwendigerweise in theologischen Begriffen von dieser Glaubenswelt spreche, darf ich doch in keinem Augenblick das volkstümliche Material, aus dem ich sie schöpfe, die Volksliteratur und meine eigenen Eindrücke aus dem jüdischen Volksleben, namentlich dem Osteuropas – aber nichts ist im Osten, wovon nicht etwas auch im Westen wäre –, aus den Augen verlieren. Wenn ich auf das volkstümliche Material hinweise, begegnet es mir oft, daß ich gefragt werde: Sie meinen wohl den Chassidismus? Eine gewiß naheliegende Frage. Aber so ist es nicht. Ich sehe im Chassidismus nur eine konzentrative Bewegung; die stärkste Konzentration der Elemente, die in unverdichteter Gestalt überall im Judentum zu finden sind, auch im Bereich des »Rabbinismus«, nur eben hier nicht in der sichtbaren Gemeinschaftsstruktur, sondern in dem unzugänglichen Bau des persönlichen Lebens waltend. Was ich also zu formulieren suche, sind Theologumena einer Volksreligion.

Keines von ihnen werde ich aus einer einzigen Epoche ableiten dürfen; es ist mir um die Darstellung der Einheit in den Wandlungen zu tun. Aber die religiösen Wahrheiten sind ja überhaupt dynamischer Art: Wahrheiten, die nicht von einem Querschnitt der Geschichte aus, sondern gerade nur in der geschichtlichen Gesamtlinie, in ihrer Entwicklung, in der Dynamik ihrer Wandlungen als solche erfaßbar sind. Ihre Selbstläuterung und Selbstvollendung, das Ringen um die Reinheit einer religiösen Konzeption, ist das wichtigste Wahrheitszeugnis dieser Konzeption. Die Wahrheit der Religionsgeschichte ist das Wachsen des Gottesbildes, der *Weg* des Glaubens. Vom Weg des jüdischen Glaubens habe ich also, wenn auch nicht in geschichtlicher Form, zu reden.

57 Die dialogische Situation

Man hat oft die Frage aufgeworfen, ob es eine jüdische Dogmatik gibt. Man sollte eher nach der relativen Mächtigkeit des Dogmas im Judentum fragen. Daß es in ihm Dogmen gibt, bedarf keiner Erörterung, da die dreizehn maimonideischen Glaubensartikel in die Gebetsordnung aufgenommen worden sind. Aber das Dogma bleibt sekundär. Primär im religiösen Leben des Judentum ist nicht das Dogma, das ja erst in der Abhebung vom konkreten, gelebten Augenblick – die in der Dogmatik leicht als Erhebung über ihn mißverstanden wird – erstehen kann, sondern Erinnerung und Erwartung einer konkreten Situation: der Begegnung Gottes mit dem Menschenvolk. Alles, was in abstracto, was in der dritten Person vom Göttlichen ausgesagt wird, jenseits des Gegenüber von Ich und Du, ist nur Projektion auf die begriffliche, konstruierte Ebene, eine Projektion, die immer wieder als uneigentlich, wenn auch unentbehrlich, empfunden wird.

Von hier aus ist das Problem des sogenannten Monotheismus zu betrachten. Israels Du-Erfahrung der direkten Beziehung, die schlechthin singularische Erfahrung, ist so gewaltig, daß die Vorstellung einer Mehrheit von Prinzipien nicht aufkommen kann. Demgegenüber ist der »Heide« der Mensch, der Gott in seinen Erscheinungsformen *nicht wiedererkennt*; vielmehr: der Mensch ist in dem Maße Heide, als er Gott in seinen Erscheinungsformen nicht wiedererkennt.

Die Grundhaltung des Juden ist durch den Begriff des *Jichud*, der »Einung«, bezeichnet, der vielfach mißverstanden wird. Es geht um die unablässig erneute Bestätigung der göttlichen Einheit in der Vielfältigkeit der Erscheinungen, und zwar ganz praktisch gefaßt: immer wieder geschieht durch menschliche Wahrnehmung und Bewährung, angesichts der ungeheuren Gegensätzlichkeit des Lebens, und insbesondre angesichts jenes sich mannigfaltig kundgebenden Urwiderspruchs, den wir die Zweiheit von Gut und Böse nennen, dieser Gegensätzlichkeit nicht zum Trotz, sondern zu Liebe und Versöhnung, die Einung, das heißt: die Erkennung, Anerkennung, Wiedererkennung der göttlichen Einheit. Nicht im Bekenntnis allein, sondern in der Erfüllung des Bekenntnisses. Also keineswegs in pantheistischem Theorem, sondern in der Realität des Unmöglichen, in der Verwirklichung des Ebenbildes, in der imitatio Dei. Das Geheimnis dieser Wirklichkeit vollendet sich im Martyrium, im Sterben mit dem Einheitsruf des »Höre Israel« auf den Lippen, der hier zur Bezeugung im lebendigsten Sinn wird.

Ob der Weise des Mittelalters redet: »Mein Gott, wo finde ich dich, aber wo finde ich dich nicht?«, ob der heutige ostjüdische Bettler in das Grauen der härtesten Stunde zärtlich und unbeirrbar seinen nicht zu übersetzenden, einfältigen, aber in der Aussprache so abwandlungsreichen Kosenamen »Gottenju« hineinflüstert: es ist das gleiche Wiedererkennen, das gleiche Immer-wieder-Anerkennen des Einen.

Was so zu erhabenem oder kindhaftem Ausdruck kommt, ist die dialogische Situation, in der der Mensch steht.

Die Sprache wird vom Judentum als ein über das Dasein des Menschen und der Welt hinausgreifendes Geschehen erkannt. Gegenüber der Statik der Logosidee erscheint hier das Wort in seiner vollen Dynamik, als das, was sich begibt. Der Schöpfungsakt Gottes ist Sprache; aber auch jeder gelebte Augenblick ist es. Die Welt wird dem sie wahrnehmenden Menschen zugesprochen, und das Leben des Menschen selbst ist ein Zwiegespräch. Was ihm widerfährt, sind die großen und kleinen, unübertragbaren, aber unverkennbaren Zeichen einer Anrede; was er tut und läßt, kann Antwort oder Versagen der Antwort sein. Und so ist die ganze Geschichte der Welt, die heimliche, wirkliche Weltgeschichte, ein Dialog zwischen Gott und seiner Kreatur; ein Dialog, in dem der Mensch echter, rechtmäßiger Partner ist, der sein eigenes selbständiges Wort von sich aus zu sprechen befugt und ermächtigt ist.

Ich bin weit entfernt davon zu behaupten, daß die Erfahrung und Erfassung der dialogischen Situation eine Besonderheit des Judentums sei. Aber es ist mir gewiß, daß keine andere Menschenschar an diese Erfahrung solche Kraft und Innigkeit hingegeben hat wie die Juden.

58 Die Umkehr

Dieses Anfangen des Menschen bekundet sich am stärksten in dem Vorgang der Umkehr. Man sagt gewöhnlich »Buße«, aber das ist eine irreführende Psychologisierung; man tut besser, das Wort in seiner ursprünglich-sinnlichen Bedeutung zu fassen, denn was mit ihm gemeint ist, begibt sich nicht an der Innerlichkeit der Seele, so daß es außerhalb ihrer nur etwa »Folgen« oder »Wirkungen« hätte, sondern es begibt sich unmittelbar in der Wirklichkeit zwischen Mensch und Gott. Die Umkehr ist so wenig ein »seelisches« Ereignis, wie Geburt und Tod des Menschen; sie geschieht an der ganzen Person, mit der ganzen Person, und sie geschieht nicht im Verkehr des Menschen mit sich selbst, sondern in der schlichten Realität der Ur-Gegenseitigkeit.

Die Umkehr ist eine menschliche Tatsache, aber sie ist auch eine weltumgreifende Macht. Als Gott, so wird erzählt, seine Schöpfung vorbedachte und sie vor sich auf einen Stein hinritzte, wie ein Baumeister sich den Grundriß zeichnet, sah er, daß die Welt keinen Bestand haben würde. Da schuf er die Umkehr: nun hatte die Welt Bestand, denn nun war ihr, wenn sie sich von Gott weg, in die Abgründe der Selbstheit verlief, die Rettung erschlossen, der in eigner Bewegung zu vollziehende Rückschwung gnadenhaft gewährt.

Die Umkehr ist die größte Gestalt des »Anfangens«. Wenn Gott zum Menschen spricht: »Öffne mir die Pforte der Umkehr so schmal wie eine Nadelspitze, und ich will sie so weit öffnen, daß Wagen einziehen können«, oder wenn Gott zu Israel spricht: »Kehret um, und ich werde euch zu einer neuen Schöpfung umschaffen«, zeigt sich uns in großer Klarheit der Sinn des menschlichen Anfangens. In der Umkehr ersteht der Mensch neu als Gottes Kind.

Da die Umkehr so Gewaltiges bedeutet, versteht man die Sage, daß Adam von Kain die Kraft der Umkehr lernte, versteht jenen an ein neutestamentliches Wort anklingenden, aber von ihm ganz unabhängigen Spruch: »An dem Ort, wo die Umkehrenden stehen, vermögen die vollkommenen Gerechten nicht zu stehen.«

Wir sehen wieder, daß es im Judentum keine Sonderethik gibt. Dieses höchste »ethische« Moment ist völlig in das dialogische Leben zwischen Gott und Mensch aufgenommen. Die Umkehr ist nicht Rückkehr zu einem früheren, »sündenfreien« Zustand, sondern sie ist Wesensumschwung – das im Umschwung Hingetragenwerden auf den Weg Gottes. Dieser aber, *he hodos toû theoû* [im Original griechisch: der Weg Gottes, L.W.], bedeutet nicht etwa bloß einen Weg, den Gott dem Menschen anbefiehlt, sondern er, Gott selber, geht in seiner Schechina, in seiner »Einwohnung«, einen Weg durch die Geschichte der Welt; er nimmt Weg, nimmt Weltschicksal auf sich. Wer umkehrt, gerät in die Wegspur des lebendigen Gottes.

Von da aus ist auch jenes Wort, mit dem im Neuen Testament erst der Täufer, dann Jesus, dann die Sendlinge ihre Predigt beginnen, in seiner vollen Prägnanz zu verstehen, jenes durch das griechische *metanoeîte*, das auf einen *geistigen* Prozeß hindeutet, falsch wiedergegebene Wort, das im hebräischen oder aramäischen Original kein anderes gewesen sein kann als der alte Prophetenruf »Kehret um«. Und von da aus auch, wie mit jenem Predigtanfang der folgende Satz verknüpft ist: »denn nah herbeigekommen ist *he basileia tôn ouranôn* [im Original griechisch: die Königsherrschaft Gottes, L.W.]«, was nach dem hebräischen oder aramäischen Sprachgebrauch der Zeit nicht bedeutet haben kann »Himmelreich« im Sinne einer »anderen Welt«: Schamajim, Himmel, ist damals eine der Umschreibungen des Gottesnamens; Malchut Schamajim, *he basileia tôn ouranôn* [das hebr. wie das griech. Wort: die Königsherrschaft Gottes, L.W.], bedeutet nicht Himmelreich, sondern das Königtum Gottes, das sich an der ganzen Schöpfung erfüllen und sie so vollenden will. Das Reich Gottes kommt dem Menschen nah, es will von ihm ergriffen und verwirklicht werden, nicht durch theurgische »Gewalttat«, sondern durch den Umschwung des ganzen Wesens; und nicht, als ob er durch den etwas auszurichten vermöchte, sondern weil die Welt um seines Anfangens willen erschaffen worden ist.

59 Womit man glaubt

Wenn Glaube nicht eine bloße Überzeugung oder Gewißheit bedeutet, daß Etwas ist, sondern ein Sich-an-Etwas-Binden, einen Einsatz der eignen Person, ein maßlos verbindliches Wagnis, dann gibt es keine Erziehung zum Glauben. Aber es gibt eine Erziehung zu dieser Einsicht, was Glaube ist und was nicht. Man kann niemand zum wirklichen Glauben führen, aber man kann einem das Gesicht des wirklichen Glaubens zeigen, es ihm so deutlich zeigen, daß er den Glauben hinfort nicht mit dessen kunstfertiger Äffin, der »religiösen« Gefühlsamkeit, zu verwechseln vermag. Und man kann ihn lehren, *womit* man glaubt, wenn man wirklich glaubt: mit dem gelebten Augenblick und immer wieder mit dem gelebten Augenblick. Aber wenn irgendeine, dann beginnt diese Erziehung im Bereich der tiefsten Selbstbesinnung: da wo man sich selber befragt, sich entscheidet und sich erprobt.

60 Offenbarung – die reine Gestalt der Begegnung

Die Religionen reden miteinander von einem gemeinsamen Abstraktum (Religionskongreß); ich aber glaube an das gemeinsame Konkretum, die Zusammenkunft, das Reich Gottes. Aus dem gemeinsamen Konkretum kann man, darf man, muß man reden. Und das ist dann die echte Rede. Ihr Kriterium ist: sie strömt nicht aus *einer* verselbständigten Provinz des Innern, sondern aus der Totalität: sie ist *rückhaltlos*. Mit anderen Worten: Man kann nur auf der

Grundlage des *Bekennens* reden: nicht Religion bekennen, *sich* bekennen! Philosophisches Denken ist die Selbstanschauung des menschlichen Geistes. Er verbürgt den Denkzusammenhang des Menschen, verbürgt, daß die Menschen einander in der begrifflichen Sprache verstehen. Aber in der begrifflichen Sprache ist die Spannung des Abfalls: wir meinen mit unseren Begriffen nicht dasselbe, und so verstehen wir uns im Grunde nicht. Darum ist auch die Philosophie unfähig, Gemeinschaft zu bilden. Aber sie ist unerbittlich notwendig als ein zum Weg der Erlösung gehöriges Phänomen.

Die »Schau« ist die erste Entbindung von der Ich-Du-Beziehung aus. Der Mensch im Ich-Du »schaut« nichts anderes, als was er mit den Sinnen sieht: die Welt in Gott, nicht das Angesicht Gottes. Aber, indem er in die Pflicht des Erkennens genommen wird, durchläuft er einen Zustand, in dem die Beziehung des Ich-Du noch hindurchleuchtet, aber zugleich die Ablösung beginnt: nicht mehr Ich-Du-Erkennen, *noch nicht* Subjekt-Objekt-Erkennen.

Die falsche Autonomie ist das absolute Leben des Menschen im Selbstgenügen, im Sich-befassen mit sich selbst. Die Folge davon ist die Verselbständigung der Geistessphären. Es heißt dann etwa: Ästhetik habe nichts mit Ethik, Politik nichts mit Religion zu tun; der Politiker könne ein frommer Mann sein und doch eine unsittliche Politik machen usw. Es gibt aber eine echte, gottgewollte Autonomie: das Leben in allem Ernst vom Menschen, vom Menschlichen aus, auf Gott hin: ein Tun, das im Sinne des Gehorsams wirkt und sich als Gehorsam erweist.

In der Offenbarung geschieht dem Menschen etwas von einer Seite, die nicht Mensch, nicht Seele, nicht Welt ist. Offenbarung begibt sich nicht im Menschen, und ist durch keinen Psychologismus zu erklären. Wer von »dem Gott in seiner Brust« spricht, steht am äußersten Rande des Seins; davon kann man, darf man nicht leben. Offenbarung entströmt nicht dem Unbewußten: sie ist Herrschaft über das Unbewußte. Offenbarung kommt als eine Macht von außen, aber nicht so, daß der Mensch ein Gefäß wäre, das gefüllt wird, oder ein bloßes Sprachrohr, sondern die Offenbarung bemächtigt sich des vorhandenen menschlichen Elements und schmilzt es um: sie ist die *reine Gestalt der Begegnung.*

61 »Gott Abrahams, Gott Isaaks, Gott Jakobs, nicht der Philosophen und Gelehrten«

[Aus einer Sammelmappe zu Lina Lewys 80. Geburtstag am 13.12.1946]

In den hastig aufgezeichneten, wie Schreie der Seele wirkenden Zeilen, die Pascal 1654 nach zwei Stunden der Verzückung niederschrieb und bis zum Tode im Rockfutter eingenäht trug, heißt es nach der Überschrift »Feuer«: »Gott Abrahams, Gott Isaaks, Gott Jakobs, nicht der Philosophen und der Gelehrten.« Das ist die Bekehrung des Herzens, die sich in ihm selbst vollzogen hat: nicht von einem Sein, in dem es keinen Gott gibt, hat er sich zu einem Sein gewandt, in dem es einen Gott gibt, sondern von dem Gott der Philosophen zu dem Gott Abrahams. Vom Glauben überwältigt, weiß er mit dem Gott der Philosophen, d.h. mit einem Gott, der einen bestimmten Platz in einem Gedankensystem einnimmt, nichts mehr anzufangen. Der Gott Abrahams, der Gott, den Abraham glaubt, der Gott, den Abraham liebt (»die ganze Religion der Juden«, sagt Pascal, »hat lediglich in der Liebe Gottes bestanden«), kann, eben weil er Gott ist, nicht in einem Gedankensystem untergebracht werden, er transzendiert jedes schlechthin und seinem Wesen nach. Was die Philosophen Gott

196

nennen, ist notwendigerweise eine Idee; aber Gott, der »Gott Abrahams«, ist keine Idee, in ihm heben sich alle Ideen auf, ja, wenn ich sogar ein Sein, in dem sich die Ideen aufheben, philosophisch, d.h. als Idee, denke, meine ich den Gott Abrahams nicht mehr. Die spezifische »Konkupiszenz«, die besondre sündige Begierde der Philosophen ist nach einer Andeutung Pascals der Hochmut: sie bieten ihren Mitmenschen statt Gottes ihr System an. »Wie? sie haben Gott gekannt und haben nicht einzig begehrt, daß die Menschen ihn lieben, sondern daß die Menschen bei ihnen innehalten!« Gerade weil sie das Bild der Bilder, die Idee, an Seine Stelle setzen, entfernen sie sich und entfernen sie uns am weitesten von Ihm. Es geht nicht anders, man muß wählen. Pascal hat gewählt, in jenen alles umstürzenden Stunden, da ihm in Erfüllung ging, was er, anscheinend kurz zuvor, in seinem Krankengebet erbeten hatte: sich wie im Augenblick des Todes zu befinden, »getrennt von der Welt, entblößt von allen Dingen, allein in Deiner Gegenwart, um Deiner Gerechtigkeit mit allen Bewegungen meines Herzens zu erwidern«.

[Diese Gedanken über das Mémorial von Pascal (vgl.: Über die Religion. Übertragen und herausgegeben von Ewald Wasmuth, 7. Auflage Heidelberg 1972, S. 248f.) sind dem 1943 entstandenen Essay »Die Liebe zu Gott und die Gottesidee« entnommen, den Buber später in sein Buch »Gottesfinsternis« (Zürich 1953) eingefügt hat. Der spätere Text weicht nur ganz geringfügig von dem Brieftext ab; die im Martin-Buber-Archiv befindliche Abschrift des Briefes an Frau Lewy ist ungenau, einzelne Satzzeichen fehlen oder sind falsch gesetzt, einmal wurde ein Wort ausgelassen; wo es sich um offensichtliche Flüchtigkeitsfehler handelte, wurde der Text nach dem in »Gottesfinsternis« (S. 58f.) vorliegenden verbessert, G. Schaeder.]

62 Zwei Glaubensweisen

Jerusalem, 25.6.1949

Sehr verehrter Herr Thieme –
Nachdem Sie so von der substantiellen Tiefe der Person und ihrer Erfahrung aus zu mir gesprochen haben, ist es mir weder erwünscht noch erlaubt, in der Erörterung fortzufahren. Nur das meine ich noch sagen zu sollen, daß jedenfalls ich – der ich freilich keineswegs ein gläubiger Jude im repräsentativen Sinn bin – *keine* Endzeithoffnung habe, die ich in einem »nur« oder »doch nur« zu fassen vermöchte: ich glaube daran, daß Gottes Geheimnis, hervorgetreten, alle menschenüblichen Fragen nach der Beziehung zwischen Gott und Mensch verbrennen wird, also auch die, deren verschiedene Beantwortung Juden und Christen voneinander trennt. Es ist mir also letzter Ernst mit der Überzeugung, daß wie die Juden keine Christen, so auch die Christen keine Juden zu werden bestimmt sind.

63 »Erfolg ist keiner der Namen Gottes«

[Frankfurter Hefte 6 (1951) 195f. – Der Satz gehört zu Bubers Polemik gegen das apokalyptische Geschichtsbild und gegen Hegel; er scheint von F. Nietzsche herzukommen, L.W.]

Der unbändige Unabhängigkeitsdrang, den die halbnomadischen Israeliten der Frühzeit mit den Beduinen gemeinsam haben, führt immer wieder zu einem seltsamen Mißverstehen der charismatischen Idee: nur solange der Führer Erfolg hat, sieht man ihn mit der Vollmacht des Himmels ausgestattet; sowie ihm aber etwas mißrät oder auch nur ungute Umstände eintreten, erblickt man alsbald gleichsam eine Kluft, die sich zwischen ihm und dem Gotte auftut, und man appelliert an diesen gegen seinen unwürdigen, weil mißgeschickten Vertreter, wenn man es nicht etwa gar vorzieht, aus dem Mißgeschick zu folgern, daß man sich auf die Gunst JHWHS, ja auf seine Treue nicht verlassen könne. Ist doch immer und überall in der Religionsgeschichte dies das größte Hindernis eines beständigen Glaubenslebens, daß man Gott mit dem Erfolg identifiziert. In der biblischen Erzählung von Auszug und Wüstenwanderung verschärft sich dies noch in einer eigentümlichen Weise. Mose ist ein nie aussetzender, nie bis zur Verzweiflung enttäuschter Kämpfer gegen die »Starrnackigkeit«, d.h. gegen die Erfolgsucht Israels. Gewiß, die ungewohnten, die auch ohnedies übermäßigen Entbehrungen des Wegs machen das Volk schwer leiden, aber geschichtliche Tat bedeutet stets auch Überwindung des Leidens, des eben dazu gehörigen Leidens der menschlichen Kreatur. Man darf über dem majestätischen Mose der abendländischen Kunsttradition den mit dem Volke leidenden nicht vergessen: in einer Weise, die kein Erzähler ersinnen kann, sehen wir ihn das, was das Volk leidet, tiefer als es erleiden und sehen ihn um die Überwindung ringen. Gewiß, er redet zuweilen kleinmenschlich und fast privat: »Noch ein weniges, und sie steinigen mich« (Exodus 17,4), aber er steigt mit der steigenden Stunde, und in der äußersten, in der auf die große Versündigung des Volkes folgenden, da er es wagt, wie einst Abraham JHWH an seine Gerechtigkeit erinnerte, ihn seiner Treue zu gemahnen, sagt er das verwegene Wort (32,32): »Nun denn, wenn du ihre Sünde tragen willst, …! Wenn aber nicht, lösche mich doch aus deinem Buch!« Und daß er dies gesprochen, dies getan hat, ermöglicht ihm bald darauf, noch höher zu steigen und seinen Gott mit einem unüberbietbaren Wort, einem Wort der intimsten Erkenntnis und des intimsten Vordringens anzureden (34,9): »Ja, ein Volk starr von Nacken ist es − so verzeihe unserer Verfehlung!« *Weil* das Volk starrnackig ist, soll Gott verzeihen. Gewiß, das erklärt sich zunächst so, daß, wo ein Mensch oder ein Volk eben so ist wie es ist, sozusagen eben nichts anderes übrig bleibt, als daß Gott verzeihe. Aber darf man es nicht anders, darf man es nicht von der Tiefe des Tatbestandes aus verstehen? Ihrer geläufigen äußeren Beschaffenheit nach bedeutet die Starrnackigkeit Erfolgsucht und rebellischen Sinn; aber es steckt eine geheime Tugend darin, die nur selten zutage tritt. Das ist jene heilige Dreistigkeit, die das Volk befähigt, als Volk seine Glaubenstaten zu tun. Hier werden Mose und Israel eins, und er vertritt es wahrhaft vor JHWH.

Wohl, all das sind offenbar Versuche des Schrifttums, fast verwehte Fußspuren nachzuzeichnen. Aber dieser Sachverhalt genügt, um uns zu erlauben, sie mit behutsamer Hand zum Bild mitzuverwenden.

64 »Gottesfinsternis«

[Der Ausdruck »Gottesfinsternis« sei vor Buber
von Wilhelm Kütemeyer gebraucht worden in:
Die Krankheit Europas, Berlin/Frankfurt a.M. 1951; L.W.]

Von der Urfrühe an wird die Wirklichkeit der Glaubensbeziehung, das Stehen des Menschen im Angesicht des Göttlichen, das Weltgeschehen als Unterredung, von dem Antrieb bedroht, über die

Macht da drüben zu verfügen. Statt die Begebenheiten als Rufe zu verstehen, die einen anfordern, will man selber anheischen, ohne vernehmen zu müssen. »Ich bin«, sagt der Mensch, »der Mächte mächtig, die ich beschwöre.« Und das setzt sich dann, mit allerhand Modifikationen, überall da fort, wo man Riten begeht, ohne dem Du zugewandt, dessen Präsenz wirklich zu meinen.

Der andere pseudoreligiöse Widerpart der Glaubensbeziehung, nicht so elementar wirksam wie die Beschwörung, aber mit der reifen Kraft des Intellekts, ist die Enthüllung. Hier nimmt der Mensch die Haltung ein, den Vorhang, der das Offenbare, das Offenbarte vom Verborgenen scheidet, aufzuziehen und die göttlichen Geheimnisse vorzuführen. »Ich bin«, sagt der Mensch, »des Unbekannten kundig und gebe es zu wissen.« Das vorgeblich göttliche Es, das der Magier handhabe wie der Techniker seinen Dynamo, legt der Gnostiker bloß, die ganze divine Apparatur. Nicht »Theosophien« allein und ihre Nachbarn haben ihn beerbt, auch in manchen Theologien ist die enthüllende Gebärde hinter der auslegenden zu entdecken.

In mannigfachen Gestalten finden wir diese Ersetzung des Ich-Du durch ein Ich-Es in jener neueren Religionsphilosophie, die die Religion zu »retten« sucht; wobei das »Ich« dieser Relation, als »Subjekt« des »religiösen Gefühls«, als Nutznießer eines pragmatistischen Glaubensentschlusses und dergleichen immer mehr in den Vordergrund tritt.

Weit wichtiger als all dies aber ist ein ins Innerste des religiösen Lebens dringender Vorgang, der als Subjektivierung der Glaubenshandlung bezeichnet werden mag. Sein Wesen läßt sich am Beispiel des Gebets am deutlichsten machen.

Gebet im prägnanten Sinn nennen wir jenes Sprechen des Menschen zu Gott, das, um was immer auch gebeten wird, letztlich die

Bitte um Kundgabe der göttlichen Gegenwart, um das dialogische Spürbarwerden dieser Gegenwart ist. So ist denn die einzige Voraussetzung des echten Gebetsstands die Bereitschaft des ganzen Menschen für diese Gegenwart, das schlichte Hingewandtsein, die rückhaltlose Spontaneität. Ihr, der von den Wurzeln her steigenden Spontaneität, gelingt es je und je, all das Störende und Ablenkende zu bewältigen. In diesem unserm Stadium der subjektivierenden Reflexion aber wird nicht allein die Konzentration des Beters, sondern seine Spontaneität selber angegriffen. Der Angreifer ist das Bewußtsein, das Überbewußtsein dieses Menschen hier, daß er betet, daß er *betet*, daß *er* betet. Und der Angreifer scheint unüberwindlich. Das Subjektwissen des sich Hinwendenden um seine Hinwendung, dieser Rückhalt des nicht in den Akt mit eingehenden Rest-Ich, dem er ein Gegenstand ist, depossediert den Augenblick, despontaneisiert ihn. Was das bedeutet, weiß der spezifisch moderne, aber noch nicht loslassende Mensch: der Unpräsente gewahrt keine Präsenz.

Man muß das recht verstehen: es geht hier nicht um einen bloßen Sonderfall der bekannten Krankheit des modernen Menschen, den eignen Handlungen als Zuschauer beiwohnen zu müssen. Es ist das Bekenntnis zum Absoluten, darein er die Untreue am Absoluten trägt, und es ist das Verhältnis zwischen dem Absoluten und ihm, worauf diese Untreue mitten in der Äußerung des Vertrauens wirkt. Und jetzt trifft auch sein, des scheinbar Festhaltenden Blick auf die verfinsterte Transzendenz.

Was ist es, das wir meinen, wenn wir von einer, eben jetzt sich begebenden Gottesfinsternis reden? Wir machen bei diesem Gleichnis die ungeheure Voraussetzung, daß wir mit unserem »Geistesauge«, vielmehr: Wesensauge, zu Gott hinzublicken vermögen wie mit dem leiblichen zur Sonne und daß etwas zwischen unsere

Existenz und die seine treten kann wie zwischen Erde und Sonne. Daß es den Wesensblick gibt, einen ganz unillusionären, einen, der kein Bild liefert, aber alle Bilder erst möglich macht, das sagt keine andere Instanz in der Welt als der Glaube, und es ist nicht zu beweisen, es ist nur zu erfahren, der Mensch hat es erfahren. Das andere aber, das Dazwischentretende, auch es erfährt man heute. Ich habe davon gesprochen, seit ich es erkannt habe, und so genau als es mir meine Erkenntnis gewährt hat.

Die Doppelnatur des Menschen, als des Wesens, das sowohl von »unten« hervorgebracht als von »oben« entsandt ist, bedingt die Zweiheit seiner Grundbeschaffenheiten. Diese sind nicht in Kategorien des Für-sich-Seins des einzelnen Menschen, sondern nur in Kategorien des Mensch-mit-Mensch-Seins zu erfassen. Als entsandtes Wesen existiert der Mensch dem Seienden gegenüber, vor das er gestellt ist. Als hervorgebrachtes Wesen befindet er sich neben allem Seienden in der Welt, neben das er gesetzt ist. Die erste dieser Kategorien hat ihre lebendige Wirklichkeit an der Relation Ich-Du, die zweite die ihre an der Relation Ich-Es. Die zweite Relation bringt uns jeweils nur zu Aspekten eines Seienden, nicht zu dessen Sein selber; auch der intimste Kontakt mit einem andern bleibt vom Aspekt überdeckt, wenn der andere mir nicht zum Du geworden ist. Die erste Relation allein, die die wesenhafte Unmittelbarkeit zwischen mir und einem Seienden stiftet, bringt mich eben dadurch nicht zu Aspekten von ihm, sondern zu ihm selber – freilich nur eben in die existentielle Begegnung mit ihm, nicht etwa in die Lage, es selber in seinem Sein objekthaft zu betrachten; sowie eine objekthafte Betrachtung einsetzt, ist uns wieder nur Aspekt und immer wieder nur Aspekt gegeben. Es ist nun aber auch die Relation Ich-Du allein, in der wir zu Gott stehen können, weil von ihm, im unbedingten Gegensatz zu allem andern Seienden, kein objekthafter Aspekt zu gewinnen ist; auch die Vision liefert keine gegenständliche Betrachtung, und wer sich, nach einem Aussetzen der vollen Ich-Du-Beziehung, anstrengt, ein Nachbild festzuhalten, hat die Schau schon verloren.

Es verhält sich aber nicht so, daß in den beiden Relationen, Ich-Du und Ich-Es, das Ich das gleiche wäre. Sondern wo und wann die Wesen um einen herum als Gegenstände der Beobachtung, des Bedenkens, der Benützung, etwa auch der Fürsorge oder Förderung gesehen und behandelt werden, da und dann wird ein anderes Ich gesprochen, ein anderes Ich betätigt, da besteht ein anderes Ich, als wo und wann einer mit der Ganzheit seines Wesens einem andern Wesen gegenüber und in die Wesenbeziehung zu ihm tritt. Jeder, der an sich beides kennt – und das ist das Leben des Menschen, daß man an sich beides zu kennen bekommt und immer wieder beides –, weiß, wovon ich rede. Beide zusammen bauen das menschliche Dasein auf; es kommt nur darauf an, wer von beiden je und je der Baumeister und wer sein Gehilfe ist. Vielmehr, es kommt darauf an, ob die Ich-Du-Relation der Baumeister bleibt; denn als Gehilfe ist sie selbstverständlich nicht zu verwenden, und gebietet sie nicht, dann ist sie schon im Verfall.

In unserem Zeitalter hat die Ich-Es-Relation, riesenhaft aufgebläht, sich fast unangefochten die Meisterschaft und das Regiment angemaßt. Das Ich dieser Relation, ein alles habendes, alles machendes, mit allem zurechtkommendes Ich, das unfähig ist, Du zu sprechen, unfähig, einem Wesen wesenhaft zu begegnen, ist der Herr der Stunde. Diese allgewaltig gewordene Ichheit mit all dem Es um sie her kann naturgemäß weder Gott noch irgendein echtes, dem Menschen sich als nichtmenschlichen Ursprungs manifestierendes Absolutes anerkennen. Sie tritt dazwischen und verstellt uns das Himmelslicht.

So ist diese Stunde beschaffen. Wie aber die nächste? Es ist ein moderner Aberglaube, daß der Charakter eines Zeitalters als Fatum des nächsten fungiere. Man läßt sich von ihm vorschreiben, was zu tun möglich und somit erlaubt sei. Man werde, sagt man, doch nicht gegen den Strom schwimmen können. Vielleicht aber mit einem neuen, dessen Quelle noch verborgen ist? In einem andern Bilde: die Ich-Du-Relation ist in die Katakomben gegangen – wer kann sagen, in welcher größeren Macht sie hervortreten wird! Wer kann sagen, wann die Ich-Es-Relation erneut an ihren gehilflichen Platz und Betrieb gewiesen wird!

Das Wichtigste an der Geschichte des Menschen, dieser verkörperten Möglichkeit, sind die jeweils sich ereignenden, von bisher unsichtbaren oder unbeachteten Kräften bestimmten Wenden. Selbstverständlich ist jedes Zeitalter eine Fortsetzung des vorhergehenden; aber eine Fortsetzung kann Bestätigung und sie kann Widerlegung sein. Es geht etwas in den Tiefen vor sich, das noch keines Namens bedarf; morgen schon kann es geschehen, daß ihm von den Höhen zugewinkt wird, über die Köpfe der irdischen Archonten hinweg. Die Finsternis des Gotteslichts ist kein Verlöschen; morgen schon kann das Dazwischengetretene gewichen sein.

Schluß:
Erinnerungen an Martin Buber

Wie lebt Martin Buber im Gedächtnis von Menschen weiter, denen er begegnet ist – als Legende, mit einem Ausspruch, mit einem Ausdruck seiner Augen und seiner Persönlichkeit? Wie verdichten sich die Erinnerungen an sein Arbeitszimmer, an die Atmosphäre, die um ihn war? Sein Grabstein schließlich hält einen Psalmvers fest, in dem noch einmal formuliert ist, was seine Hoffnung war und welches Gegenüber ihn gehalten hat.

Er war ein Mensch mit seinem Widerspruch. Aber er hat in einem langen Leben ausreifen lassen können, was ihm als seine Gewißheit begegnet ist. Er hat davon reden und schreiben dürfen – biblisch gesagt: er hat Zeugnis gegeben von seiner Wahrheit. Davon sprechen viele in ihren Erinnerungen: sie sind einem Zeugen und Bürgen des Lichtes begegnet.

———————————————

65 »Wie ein Zaddik ...«

(J.L. Magnes zu Bubers 70. Geburtstag)
[Jerusalem, Februar 1948]

Ich sah Sie zum erstenmal im Semester 1900/01, als ich die Vorlesungen von Professor Simmel an der Universität Berlin belegt hatte. Die Zahl der Hörer war so groß, daß man die Vorlesungen in einen der größten Hörsäle verlegen mußte. Obwohl der Saal bis auf den letzten Platz voll war, kamen Sie an der Spitze einer Gruppe von Jugendlichen – Burschen und besonders auch Mädchen – durch eine Nebentür herein, und Sie setzten sich in die erste Reihe, die offenbar für Sie reserviert war. Ihr schwarzer Bart, Ihr gemessener Schritt, Ihre Art, an der Spitze der Gruppe wie ein Zaddik vor seinen Chassidim zu gehen, veranlaßten mich, den neben mir sitzenden Studenten – einen blonden Arier – zu fragen, wer Sie seien, und seine Antwort lautete, dieser Jude sei der Stifter einer neuen religiösen Sekte.

66 Begegnung mit Martin Buber

(Eugen Kogon, 1951)

Vom Savoy-Hotel gehen wir in Gruppen, etwa zwanzig Personen, in ein nahegelegenes Haus. Ein Raum, der gerade ausreicht, nimmt uns auf. Eine lange Tafel. Dort, an der Spitze, wo der tiefe Sessel steht, wird der kleine Mann mit dem Patriarchenbart sitzen.

Ich habe in meinem Leben viel von Martin Buber gelesen. Aber ich habe ihn, außer auf Bildern, noch nie gesehen. Welch ein freudiger, Ehrfurcht einflößender Bekannter. Nunmehr gewohnt, Menschen, denen ich erstmals begegne, ganz wie von selbst auf die Probe äußerster Bewährung hin zu betrachten: kahlgeschoren, drillichbekleidet, im Dreck des Konzentrationslagers, weiß ich sofort: er hätte uns ein unvergeßliches Beispiel gegeben. Ihm hätte ich mich, als der eine Generation Jüngere, auf dem harten Wege anvertraut. Am Appellplatz stehend, hätte ich meine Tränen hinuntergewürgt, wenn die Nachricht kam, daß sie ihn umgebracht hätten. Ein Weiser wäre dahingegangen, eine richterliche Gestalt, ein fröhlicher Mensch: diese Augen!

Im Verlauf des theologisch-politischen Gesprächs – er wandte sich plötzlich zur Seite, einem Teilnehmer zu, der anscheinend mißverstanden hatte: »Verzeihen Sie, wenn ich unterbreche. Es muß volle Klarheit darüber bestehen, was ich als eine mögliche Antwort und was ich als meine Antwort gegeben habe. Ich habe gesagt: …«. Das Gespräch konnte nicht entgleisen. In seinem Verlauf, er sprach gar nicht so viel, gingen an einer bedeutsamen Stelle, als er die Verzweiflung des Menschen, die beklagt wurde, *das* heilsgeschichtlich notwendige Ereignis nannte, seine Worte in eine altjüdische Geschichte über: an einem einzigen Tage geschah die Erschaffung des Adam, der Eva, die Versuchung, der Sündenfall und die Austreibung aus dem Paradies; in diesem Augenblick ging die Sonne unter – erstmals für die Menschen, und sie waren entsetzt, sie brachten das Ereignis in Zusammenhang mit ihrer Tat. Verzweifelt wanderten sie in die Finsternis hinein. Als sie kein Ende nahm, wollten sie zurück. Sie kehrten um und wanderten abermals, fast schon erschöpft. Da ging vor ihnen die Sonne auf! – »Sie sehen«, sagte Buber, abermals individuell zu einem Teilnehmer gewendet, »das griechische Wort ›metanoeite‹ stimmt nicht ganz: man kehrt mit seiner ganzen Existenz um.«

Daß so viele anständige Leute müde sind, weil das Gute keinen Erfolg hat, meinte einer. »Der Erfolg ist keiner der Namen Gottes«, sagte Buber.

Er hält den Zustand, in dem wir uns befinden, für objektive Gottesferne, wie eine Sonnenfinsternis, die ja nicht nur im Bewußtsein der Menschen stattfindet. Was sich daraus für den Gläubigen dem Nächsten gegenüber ergibt! (Ein Evangelischer erzählte, Pastor Niemöller habe neulich, in einem Vortrag vor jungen Theologen, das Lutherwort »Wie kriege ich einen gnädigen Gott« abgewandelt in die grausige Zeitnähe »Wie kriege ich einen gnädigen Nächsten«.)

Endzeitliche Perspektiven hält Buber für sehr gefährlich. Es sind Fluchten. Der an Gott Glaubende schweigt, spricht und ist. Er überzeugt durch sein Dasein. »Man kann nicht drei Tage voraussagen, ob man sprechen oder schweigen wird, es hängt ganz von der Situation ab.« Es handelte sich um einen Plan, gemeinsam Zeugnis abzulegen, Katholiken, Evangelische und Juden. Es gehört in den Zusammenhang, zu erwähnen, daß er abschließend auch sagte: »Es gibt Dinge, die man rechtens nur weiß, indem man sie tut.« (Es war ein wenig gegen die Prediger gesprochen.)

Vielleicht darf ich es wiederholen: er hat ein fröhliches Blitzen in den Augen, obgleich es doch Nacht um uns ist. Es *kann* nur aus Weisheit stammen.

Die Universität Jerusalem ist zu beglückwünschen, daß sie Martin Buber als Lehrer hat; die Universität Frankfurt, wo er von 1930 an bis zu seinem Weggang unterrichtete, ist zu beklagen. Er fuhr schon zwei Tage später nach London weiter. Er kannte noch alles von Deutschland, was hier leichtsinnig und geflissentlich vergessen wird, – das Gute und das Schlechte. Es gibt nur mehr wenige von seiner Bedeutung. Die Betriebsamen wissen nicht, wie arm sie geworden sind.

67 Buber – eine Legende!

(Albrecht Goes zum 80. Geburtstag Bubers)

Wir saßen am Nachmittag nach einem morgendlichen Festvortrag
Martin Bubers in kleinem Kreis beisammen, der Ehrwürdige war
unter uns: wir waren müde und gelöst, und die Anwesenheit einer
Kranken, die vom Sofa zu uns herüberblickte, gab unserer Vereini-
gung einen eigenen Hauch von Lebensunmittelbarkeit, fast sage ich:
Vertraulichkeit. Sie wissen, man sagt unter solchen Umständen zuweilen ein Wort, das einem in gemessener Stunde nicht so über die
Lippen käme, und so sagte ich denn: »Wenn Martin Buber so unter
uns ist, hat man, finde ich, gar nicht zuerst das Gefühl: ein Gelehrter
ist da, ein Philosoph, ein Mensch eigener Gedanken, sondern die
Vorstellung: die Gottesgeschichte geht weiter, die Geschichte von
Abraham und Jesaja; die ewige Stimme schweigt nicht.« Wie leicht
hätte ein solch kühner Satz Verwirrung zeitigen können! Aber Martin Buber sah mit wunderbarer Sammlung der Seele zu mir her, und
fragte heiter: »Das wäre dann also eine Art Dasein als Legende?«
Darauf ich: »Ja, wenn Sie gelten lassen, daß Legende etwas eminent
Wirkliches ist.« Dann er: »Da muß ich Ihnen erzählen, wie es mir
erging, als ich vor dreißig Jahren Edmund Husserl kennen lernte. Es
war ein Vortrag von Husserl angekündigt, den ich hören wollte. Ich
kam in den Saal; irgend jemand von der Philosophischen Gesellschaft
erkannte mich, und sogleich wurde ich an eine Art von Vorstands-
tisch beordert. Als Husserl erschien, begrüßte er uns, rasch noch, ehe
er aufs Pult ging. Ich sagte: »Buber«. Er stutzte einen Augenblick und
fragte zurück: »Der wirkliche Buber?« Ich zögerte mit einer weiteren
Erklärung. Darauf Husserl: »Aber das gibt es doch gar nicht! Aber
Buber – das ist doch eine Legende!«

68 Arbeit und Liebe, Glaube und Humor

(M.L. Diamond im Gespräch mit Martin Buber, 1960)

Eines Tages bemerkte ich zu Martin Buber, Freud solle eine Frage nach dem Sinn des Lebens beantwortet haben, indem er sagte, er bestehe in Arbeit und Liebe. Buber lachte und sagte, das sei richtig, aber nicht vollständig. Er würde lieber sagen: Arbeit, Liebe, Glaube und Humor.

69 »Mit meinem ganzen Gefühl«

(Luise Rinser an Martin Buber, 1962)

Lieber, verehrter Herr Buber, ich bekam vom Norddeutschen Rundfunk den Auftrag, einen Beitrag zu liefern für die Reihe »Das Buch meiner Wahl«. Ich wählte, ohne mich auch nur einen Augenblick zu besinnen, Ihre Chassidischen Geschichten, in denen ich fast täglich lese, in Ergänzung zur Bibel (A.T.) und zu den Evangelien. Ich habe sie mit 25 Jahren kennengelernt und bin seither niemals mehr von ihnen verlassen worden. Seither auch besteht jene Beziehung von mir zu Ihnen, für die jener Nachmittag in Jerusalem eine Bestätigung war. – In Luzern war ich sehr schüchtern, gerade weil mein Herz Ihnen viel zu sagen gehabt hätte. Aber dennoch war es schön. Bis zu meinem Tode werde ich nicht vergessen, wie Sie aussahen, als Sie sagten (auf meine Frage, ob Sie Gott *liebten*) »Ja. Mit meinem ganzen Gefühl.«

Ich denke sehr viel an Sie, besser: ich bin viel bei Ihnen; Sie sind mir ständig gegenwärtig; ich bete für Sie, daß Ihr Weg sich als der für Sie gebotene rechte erweisen möge.

70 Zum Gedenken

(Schalom Ben Chorin, 1966)

Das Haus in Heppenheim, in welchem sich diese unerfreulichen und doch auch wieder komischen Episoden ereigneten, hat Buber 1938 verlassen und nicht wieder bezogen. Es blieb im Kriege unzerstört. Nach dem Kriege, Mitte der fünfziger Jahre, wollte die Gemeinde Heppenheim eine Tafel an dem Haus anbringen, auf der stehen sollte, daß Martin Buber in diesem Haus gelebt und gearbeitet habe.

Der Bürgermeister wandte sich mit einer diesbezüglichen Frage an Buber nach Jerusalem. Buber antwortete, daß er gegen die Anbringung einer solchen Tafel nichts einzuwenden habe, daß er aber die Bedingung stellen müsse, daß auf der Tafel zusätzlich vermerkt werde: »Aus diesem Hause wurde Martin Buber 1938 vertrieben.«

Daraufhin erfolgte keine Antwort mehr, und die Anbringung der Marmortafel unterblieb damals.

[Am Buber-Haus in Heppenheim ist inzwischen folgende Tafel angebracht:

»Hier lebte 1916-1938 der große jüdische Religionsphilosoph Martin Buber, geb. am 8. Febr. 1878 in Wien, gest. am 13. Juni 1965 in Jerusalem. – Vom Ungeist jener Zeit verfolgt, verließ er Deutschland im Jahre 1938. L.W.]

212

71 Bubers Arbeitszimmer in Jerusalem

(Schalom Ben Chorin, 1966)

Im Arbeitszimmer spürte man diese Beziehung zu Bild und Kunstwerk – es gab auch eine eindrucksvolle kleine Holzplastik, einen
merkwürdig hintergründig lächelnden bärtigen Kopf, der aus der
Ecke neben dem Arbeitstisch Buber sozusagen über die Schulter
blickte.

Buber liebte es, einzelne Reproduktionen zeitweilig ungerahmt
aufzustellen, um sich ungestört ihrer Betrachtung widmen zu können. Er betonte, daß man mit einem Kunstwerk leben müsse, aber
auch ungerahmte Fotos konnte man in seinem Arbeitszimmer bemerken. Wenn sich Buber mit einem Menschen oder dessen Werk
befaßte, so vertiefte er sich gern in das Antlitz. So konnte ich etwa
das Porträt von Romain Rolland wochenlang in Bubers Studio
bemerken. Nach dem Tod seiner Frau war ihr Bild, ebenfalls lange
Zeit ungerahmt, auf einer Konsole hinter dem Schreibtisch zu
bemerken. Solche ungerahmte Blätter nahm Buber gern zur Hand,
um sie konzentriert zu betrachten.

Schlägt man Bubers *Geschichten des Rabbi Nachman* auf, so
bemerkt man unter der Vorbemerkung die Zeile: »Florenz, im
Sommer 1906.« An diese florentinische Zeit Bubers erinnerten in
seinem Arbeitszimmer die großen Stiche aus Florenz an den
Wänden und die prachtvollen Dante-Ausgaben in der Bibliothek.
(Buber beherrschte das Italienische vorzüglich und las Dante im
Original.)

Das Arbeitszimmer wurde von dem großen, weit ausladenden
Schreibtisch beherrscht, auf dem sich immer eine ganze Sammlung
von Federn (erst später ging Buber zur Füllfeder und zum Kugel-

213

schreiber über) befand, nie aber eine Schreibmaschine. Der Tisch war immer bedeckt mit Büchern und Manuskripten, vor allem aber mit den für Buber so charakteristischen Notizbüchern. Er hatte deren eine ganze Menge und notierte in ihnen Einfälle auf ganz verschiedenen Gebieten, systematisch getrennt.

Seine Manuskripte ließ Buber herrlich binden, was für seinen ausgeprägten ästhetischen Sinn sprach. Für die Niederschrift seiner Werke bevorzugte er bis in die Jahre nach dem zweiten Weltkrieg dunkelviolette Tinte.

Die Bücher des täglichen Umgangs verwahrte er in einer Schublade des Schreibtisches, allen anderen Büchern voran das hebräische Alte Testament, wobei er sich der Biblia Hebraica in der Edition von Kittel und Kahle bediente. Dieses Exemplar war stark zerlesen und mit Anmerkungen versehen und stets zur Hand, wenn die Rede auf biblische Gegenstände und Zusammenhänge kam. Auch das griechische Neue Testament in der bekannten Ausgabe von Nestle fehlte nie in der Schreibtischlade.

Buber rauchte nicht, hatte aber immer Zuckerstücke griffbereit, die ihm zur Inspiration und Konzentration dienten, wenn er bei der Arbeit ermüdete.

In Bubers erster Jerusalemer Wohnung fiel mir noch eine komplette Goethe-Ausgabe auf, die später aus der unmittelbaren Umgebung des Schreibtisches verschwand. Buber hat sich viel und eingehend mit Goethe befaßt, aber, soweit mir bekannt, nicht über ihn geschrieben.

Die Bücher wechselten natürlich, je nach dem Thema, mit dem sich Buber jeweils befaßte. Aber gewisse Standardwerke, wie *Die Religion in Geschichte und Gegenwart*, blieben immer in unmittelbarer Reichweite. Buber ging noch im hohen Alter sehr behende in seinem Arbeitszimmer auf und nieder, fand jeweils sofort, was er suchte, schlug Bücher äußerst treffsicher auf und zeigte auf die intendierte Stelle, ohne lange nachschlagen zu müssen.

In seiner letzten Wohnung hatte Buber ein ganzes Zimmer als religionswissenschaftliche Bibliothek eingerichtet. Dem Arbeitszimmer waren nur noch die Werke des täglichen Umgangs vorbehalten und weitere Tausende von Bänden waren im Keller eines Nachbarhauses, das dem Verleger Rubin Mass gehörte, eingelagert. Im Jahre 1955 ordnete Rafael W. Merlin Bubers Bibliothek systematisch und staunte darüber, daß sich Buber an jede Broschüre und an jedes Pamphlet erinnerte und genau wußte, wer es ihm zugesandt oder wo er es einmal selbst gefunden und erstanden hatte.

Aus diesem Bücherkeller ließ sich dann Buber jeweils die Werke bringen, deren er zur Arbeit bedurfte, so daß er die Universitätsbibliothek nur hilfsweise in Anspruch nehmen mußte.

Die Bücher wechselten und ebenso – die Katzen, aber sie fehlten nie. Buber hatte eine Vorliebe für Katzen. Sie durften ungehindert durch geöffnete Fenster eintreten, und eine lagerte zumeist auf dem Sofa von Bubers Arbeitszimmer. Er redete sie auch durchaus menschlich an und verstand es, durch Blick und Tonfall auf die Kreatur unmittelbar zu wirken. Wenn er zu der vertrauten Katze sagte: »Ja, wo kommst denn du her? Leg dich in die Ecke und störe nicht«, so tat die Katze das wirklich, was bei Katzen, im Gegensatz zu Hunden, nicht allzu häufig ist.

72 Martin Bubers Grab

(Schalom Ben Chorin, 1966)

Dreißig Tage nach dem Tod Martin Bubers, am 12. Juli 1965, fand auf dem Friedhof Har Hamenuchoth über Jerusalem die Enthüllung des Grabsteins Bubers statt, der nur Namen, Geburts- und Todesdatum trägt und jenes Wort aus Bubers Lieblingspsalm *(Psalm 73,23-24)*, das hier noch einmal angeführt sei:

> *»Und doch bleibe ich stets bei dir,*
> *meine rechte Hand hast du erfaßt.*
> *Mit deinem Rate leitest du mich,*
> *und danach nimmst du mich in Ehren.«*

Natürlich steht das Psalm-Wort hebräisch auf dem schlichten liegenden Grabstein.

Aus der Ansprache des Rabbiners Dr. A. Philipp, die Buber als Erzieher jüdischer Generationen darstellte, der uns zum Verständnis der Bibel und des Geistes des Judentums hingeführt habe, sprach aber doch jene immer wieder latente Kritik an Bubers Abstinenz gegenüber Gesetz und Ritual. Diese Kontroverse geht offenbar buchstäblich über das Grab hinaus weiter.

Anmerkungen

Einleitung

1 G. Scholem, Martin Bubers Auffassung des Judentums, in ders., Judaica II, Frankfurt a.M. 1970 (Bibliothek Suhrkamp 263), 153f; 171).

2 W. Kraft, Gespräche mit Martin Buber, München 1966.

3 M. Buber, Die Erzählungen der Chassidim, Zürich 1949, 112f.,: »Das vergebliche Bemühen« (Werke III, 152).

4 Z.B. ebd., S. 138ff. (Werke III, 172f.): »Der Geschichtenerzähler« (d.i. der Baalschem selber).

5 F. Rosenzweig, Briefe, Berlin 1935, 437 (Juni 1922; vgl. Kap. IV, Anm. 3).

6 Vgl. die Aufsätze und Vorträge in J. Bloch/H. Gordon, Martin Buber. Bilanz seines Denkens, Freiburg i.B. 1983 (besonders S. 22-60, W. Kaufmann u. H. Gordon).

7 Z.B. »Martin Buber. Eine Bibliographie seiner Schriften 1897- 1978«, zusammengestellt von Margot Kohn und Rafael Buber, The Magnes Press, Hebräische Universität Jerusalem/K.G. Saur, New York, London, Paris, 1980.

8 Chr. Schütz, Verborgenheit Gottes. Martin Bubers Werk – eine Gesamtdarstellung, Zürich/Einsiedeln/Köln 1975;
R. Moser, Gotteserfahrung bei Martin Buber. Eine theologische Untersuchung, Verlag L. Schneider 1979 (Reihe Phronesis Bd. 5). – Der erste theologische (kath.) Überblick stammt übrigens von H.U. von Balthasar: Einsame Zwiesprache. Martin Buber und das Christentum, Köln und Olten 1958.

Kapitel I

1 Diese Vorlesung ist veröffentlicht in R. Horwitz, Buber's Way to I and Thou. An Historical Analysis and the First Publication of Martin

Bubers Lectures »Religion als Gegenwart«, Verlag L. Schneider, Heidelberg. 1978. – R. Horwitz geht besonders dem Einfluß F. Rosenzweigs u. F. Ebners auf Bubers Denken nach. Vgl. R. Horwitz, Ferdinand Ebner als Quelle für Martin Bubers Dialogik in »Ich und Du«, in: J. Bloch/H. Gordon (Hrsg.), Martin Buber. Bilanz seines Denkens, Freiburg i.Br. 1983, 141-158. – R. Horwitz ergänzt und korrigiert Bubers eigene Angaben in: »Zur Geschichte des dialogischen Prinzips« (Werke I, 291-305; M. Buber, Das dialogische Prinzip, Gerlingen 1992 (6. Aufl.), 299-320).

2 Der Plan dieses Werks steht in Briefwechsel II, Nr. 95. Brief Nr. 97 bringt eine Änderung; eine Anmerkung der Herausgeberin gibt den Plan, der im Martin Buber-Archiv in Jerusalem aufbewahrt wird.

3 Vgl. die Vorträge und Diskussionen in dem Anm. 1 genannten Band von J. Bloch/H. Gordon.

4 6. Aufl. 1992 Gerlingen.

5 5., verbesserte Aufl. 1982 Heidelberg

6 In Einzelbänden: Urdistanz und Beziehung, 4., verbesserte Aufl. mit ergänzenden Texten, 1978 Heidelberg; Der Mensch und sein Gebild, 1955 Heidelberg; Logos. Zwei Reden, 1962; Schuld und Schuldgefühle, Heidelberg 1958.

7 1953 Heidelberg.

8 7. Aufl. 1986 Heidelberg.

9 3. Aufl., (erweiterte Neuausgabe), hrsg. von A. Schapira, Heidelberg 1985, unter dem Titel: Pfade in Utopie. Über Gemeinschaft und deren Verwirklichung.

10 M. Buber, Aus einer philosophischen Rechenschaft (1961), Werke I, 1109-1122; der volle Wortlaut steht in: M. Buber, Antwort, in: Schilpp/Friedman (Hrsg.), Martin Buber, Stuttgart 1963 (Philosophen des 20. Jahrhunderts), S. 589-638.

Kapitel II

1 Heute zum Teil nachzulesen in: Werke II, Schriften zur Bibel, S. 1093-1186, wie auch in den Beilagen zu »Die fünf Bücher der Weisung« (11. Aufl. Heidelberg 1987) und »Die Schriftwerke« (6. Aufl. Heidelberg 1986).

2 Vgl. G. Scholem, An einem denkwürdigen Tage (Rede bei der Feier zum Abschluß der Buberschen Bibelübersetzung in Jerusalem, Februar 1961), in: ders., Judaica, Frankfurt a.M. 1963 (Bibliothek Suhrkamp 106). – Die Schrift-Übersetzung (Bd. 1 und 4, s. Anm. 1) Bd. 2, »Bücher der Geschichte«, Bd. 3, »Bücher der Kündung«: 1954–1962 Köln und Olten (Jakob Hegner Verlag); seit 1974 im Lambert Schneider Verlag, nach Bubers Tod nochmals neu revidiert, also die definitive Ausgabe letzter Hand.

3 Königtum Gottes, 3. neu vermehrte Aufl. in Werke II, 485–723; Einzelausgabe: Heidelberg 1956. – Der Gesalbte, Werke II, 725–845; vorher in Einzelkapiteln publiziert.

4 Der Glaube der Propheten, deutsch zuerst 1950 (Zürich); 2., verbesserte Aufl. Heidelberg 1984; auch in Werke II, 231–484; zuletzt als Studienausgabe Gerlingen 1993. – Moses, deutsch 1948 (Zürich); 1952 (Heidelberg); dann in Werke II, 9–230; 3. Aufl. 1966 (Heidelberg).

5 Vieles aus den kritischen Stimmen ist referiert in dem Band G. Schuster/K. Neuwirth, Rudolf Borchardt – Martin Buber. Briefe, Dokumente, Gespräche 1907–1964, mit dem fulminanten Verriß der Buber-Rosenzweig-Übersetzung durch R. Borchardt. Mir scheint Borchardt aber in seinem zweiten großen Brief seine Kritik einzuschränken; außerdem kann man sich fragen, ob Borchardt Bubers Intention aufgenommen hat, die ja auf religiöse Vermittlung zielt, bei aller sprachlichen Sorgfalt und dichterischen Einfühlung. – Selbstverständlich gibt es inzwischen eine ausgiebige fachtheologische Diskussion von Bubers Übersetzung und Auffassung der Bibel.

6 Das Buch ist sonderbarer Weise in Werke I, 651–782 eingeordnet worden. – Vgl. dazu L. Wachinger, Der Glaubensbegriff Martin Bubers (theol.Diss.), München (jetzt Paderborn) 1970.

Kapitel III

1 Mein Weg zum Chassidismus (1917), in: Hinweise, Zürich 1953; in: Werke III, Schriften zum Chassidismus, Heidelberg/München 1963, S. 967.

2 Des Baal-Schem-Tow Unterweisung im Umgang mit Gott. Aus den Bruchstücken gefügt von Martin Buber, Hellerau 1927, Vorwort, Heidelberg 1981); Werke III, 47-67 (unter etwas verändertem Titel).

3 Frankfurt a.M. 1906 (viele Aufl.). In Bubers Buch »Israel und Palästina« (Zürich 1950) steht das Kapitel »Ein Zaddik kommt ins Land« (auch als Nachwort in Fischer-Taschenbuch 104, 1955, und in Werke III, 913-932) – Neuausgabe mit Nachwort und Kommentar hrsg. von Lothar Stiehm – Ein Vergleich mit der wissenschaftlichen Übersetzung »Die Erzählungen des Rabbi Nachman von Bratzlaw. Zum ersten Mal aus dem Jiddischen und Hebräischen übersetzt, kommentiert und mit einem Nachwort versehen von Michael Brocke, München 1985 (rororo-Buch 5993, 1989) ist lehrreich. (Brocke verweist darauf, daß Rabbi Nachman in den USA viel gelesen wird. – Im Werk Isaac B. Singers (Nobelpreis für Literatur 1978) gibt es viele Schilderungen von Chassidim; er ist selber chassidisch aufgewachsen, sein jüngerer Bruder Mosche ist um 1923 Bratzlawer Chassid. – Von I.B. Singer auch »Die Gefilde des Himmels. Eine Geschichte vom Baalschem Tow«, München 1982.

4 Frankfurt a.M. 1908; Bubers Frau hat an der Formulierung mancher Legenden mitgearbeitet (Briefwechsel I, Nr. 109; auch die Einleitung dazu von G. Schaeder, S. 38f.). In einer (nur sprachlich) umgearbeiteten Neuausgabe 1955, Zürich (Manesse Bibliothek der Weltliteratur).

5 Die Erzählungen der Chassidim, 1949 zuerst in der Manesse Bibliothek der Weltliteratur (Zürich, wichtiger bibliographischer Hinweis im Vorwort); dann in Werke III. – Die chassidische Botschaft, Heidelberg 1952 (bibliographischer Hinweis im Vorwort, hebr. 1944).

6 Die Erzählungen der Chassidim, Vorwort.

7 G. Scholem, Die jüdische Mystik in ihren Hauptströmungen, Frankfurt a.M./Berlin 1957; das letzte Kapitel über den »Chassidismus in Polen, die letzte Phase der jüdischen Mystik«, ist bei mancher Kritik noch näher an der Darstellung Bubers. In dem Aufsatz (zuerst in der Neuen Zürcher Zeitung) »Martin Bubers Deutung des Chassidismus« (in ders., Judaica, Frankfurt a.M. 1963, S. 165-206) stehen die zitierten Stellen. – Buber hat auf Scholems Kritik erwidert: »Noch einiges zur Darstellung des Chassidismus«, Werke III, S. 989-998. – Dem Irrtum, als sei

Buber der Erste, der die Überlieferung des Chassidismus wieder ent-
deckte, kann begegnet werden mit G. Scholems Notiz (Judaica II,
Frankfurt a.M. 1970, S. 155), eine der ersten Veröffentlichungen in
Bubers und B. Feiwels »Jüdischem Verlag« sei 1904 das Bändchen von
Salomon Schechter, »Der Chassidismus. Eine Studie über jüdische
Mystik« gewesen. (Dazu wären Studien von H. Graetz und S. Dubnow
zu nennen, die aber streng wissenschaftlich verfuhren, während Buber
als Ergriffener schrieb – und gehört wurde.)

8 Die chassidische Botschaft (vgl. Anm. 5), Werke III, 760.

9 Nach G. Scholem, Die jüdische Mystik (vgl. Anm. 7), 371ff.

10 Die chassidische Botschaft, Werke III, 798f.

11 »Die Legende des Baalschem« (Anm. 4) mit der Fassung der »legen-
dären Anekdoten« aus dem Leben des Baalschem in den »Erzählungen der Chassidim« (Anm. 5) zu vergleichen, ist aufschlußreich. –
»Die Geschichten des Rabbi Nachman« sind nicht in die »Erzählungen der Chassidim« übernommen worden.

Kapitel IV

1 R. Weltsch, in der Einleitung zu: Martin Buber, Der Jude und sein Judentum (erstmals Köln 1963; 2., durchgesehene Aufl. Gerlingen 1993),
S. XVI. – Vgl. auch das Nachwort von R. Weltsch, in: Hans Kohn,
Martin Buber. Sein Werk und seine Zeit. Ein Beitrag zur Geistesge-
schichte Mitteleuropas 1880-1930, Köln 1961 (2. Aufl.), 413-479.

2 In der »Vorrede« von 1923, Der Jude und sein Judentum, S. 3. Darin
und in dem Vorwort zu den neuen Reden (1951) viel Wissenswertes
zu diesen Reden. – G. Scholem hat 1966, nach Bubers Tod, in einem
großartigen Durchblick durch Bubers Werke seine Deutung des
Judentums charakterisiert: »Martin Bubers Auffassung des Judentums«, in: G. Scholem, Judaica II, Frankfurt a.M. 1970 (Bibl. Suhrkamp 263), S. 133-192.

3 Franz Rosenzweig, Briefe. Berlin 1935 (Neuausgabe: F. Rosenzweig,
Briefe und Tagebücher, 2 Bände, hrsg. von R. Rosenzweig und E.
Rosenzweig-Scheinmann, unter Mitarbeit von B. Casper, Martinus
Nijhoff Verl., den Haag/Boston/London 1979.

4 Über G. Landauer (1870-1919) der schöne Gedenk-Aufsatz in: M. Buber, Hinweise, Zürich 1953, 252-258, das Landauer-Kapitel in: Pfade in Utopia; sowie in der Neuausgabe 1985 die vier Aufsätze »Über Gustav Landauer« (S. 313-363). – Vgl. S. Wolf, Martin Buber zur Einführung, Hamburg 1992, S. 127ff.: Der Einfluß Gustav Landauers (über den »anarchischen« Sozialismus, zu dem Buber neigte, – in dieser Auswahl repräsentiert durch den Aufsatz über »civil disobedience« nach H. Thoreau).

5 Über den XII. Zionistenkongreß und den Offenen Brief an J.L. Magnes vgl. R. Weltsch, Nachwort, in: H. Kohn, Martin Buber (Anm. 1), S. 435ff. Dort auch die Mitteilung, daß die Idee des binationalen Staates von Achad Ha'Am schon 1920 geäußert worden ist (ebd. 434). (Vgl. Nr. 37 dieses Lesebuchs.)

6 R. Weltsch, Einleitung zu »Der Jude und sein Judentum«, S. XXXIV.

7 Vgl. Grete Schaeder, »Martin Buber. Ein biographischer Abriß«, in: Martin Buber, Briefwechsel aus sieben Jahrzehnten, Band I, 127.

Kapitel V

1 Buber berichtet darüber in dem Gespräch mit Carl R. Rogers, in: M. Buber, The Knowledge of Man, ed. by M. Friedman, London 1965, Appendix: Dialogue between Martin Buber and Carl R. Rogers.

2 J. Bloch, Die Aporie des Du. Probleme der Dialogik Martin Bubers, Heidelberg 1977, S. 300ff. berichtet in einer großen Anmerkung aus persönlichen Gesprächen mit Buber über die Begegnung mit Freud und weitere Berührungen mit der Psychoanalyse.

3 Ebd. und G. Schaeder, in der Einleitung zu Briefwechsel I, S. 94.

4 Neben dem VII. Kapitel (»Das Ende der Worte«) in J. Blochs Buch (Anm. 2) der Beitrag von L.H. Farber, in: Schilpp/Friedman (Hrsg.), Martin Buber, Stuttgart 1963, 508-532; L. Wachinger, Martin Buber und Sigmund Freud, in: Eckert/Goldschmidt/Wachinger, Martin Bubers Ringen um Wirklichkeit, Stuttgart 1977.

5 Von der Verseelung der Welt, in: M. Buber, Nachlese, Heidelberg 1965, 146-157 (3. Aufl. Gerlingen 1993).

6 Werke I, 1953; Einzelausgabe: Zürich 1953. – Dazu auch H. Trüb, Heilung aus der Begegnung. Eine Auseinandersetzung mit der Psychologie C.G. Jungs, mit einem Geleitwort von Martin Buber, Stuttgart 1951 (3. Aufl. 1971).

7 In dem Anm. 4) genannten VII, Kapitel seines Buches.

8 In: Nachlese, 158-189; es handelt sich um »Notizen von einem Seminar in der School of Psychiatry in Washington«, 1957. In den Umkreis dieser Veranstaltung gehört auch »Schuld und Schuldgefühle«.

Kapitel VI

1 M. Buber, Antwort, in: Schilpp/Friedman, Martin Buber (Reihe »Philosophen des 20. Jahrhunderts«), Stuttgart 1963, 589-639; hier: 636f.

2 Religion und Gottesherrschaft, nachgedruckt in: M. Buber, Pfade in Utopia. Über Gemeinschaft und deren Verwirklichung, Neuausgabe 1985, 367ff.

3 Das erste der beiden Zitate in »Zwiesprache«, Werke I, 184f., das zweite in »Philosophische und religiöse Weltanschauung«, in: Nachlese (vg. Anm. 2), 132

4 Vgl. dazu zusammenfassend L. Wachinger, Bubers Glaubensbegriff als Kritik am Christentum, in: J. Bloch/H. Gordon, Martin Buber. Bilanz seines Denkens, Freiburg i.Br. 1983, 455-469.

5 Antwort (vgl. Anm. 1), 589f.

Glossar einiger hebräischer Ausdrücke

Chassid:
von hebr. *chessed*, Gnade, *chassid*, fromm; plur.: Chassidim; Chassidut, Frömmigkeit. In der Anwendung auf die »Chassidim« der Makkabäerbücher, auf die des Mittelalters bis zu denen in Polen und in der Ukraine (usw.) s. besonders Nr. 25 dieses Lesebuchs.

Erez Israel:
hebr. »Land Israel«.

Ichud, Jichud:
Ichud, von hebr. *echad*, eins: Vereinigung, Union, von J.L. Magnes, M. Buber und anderen gegründet, um den Gedanken des binationalen Staats Israel zu fördern, überhaupt die Aussöhnung mit der arabischen Welt. – Jichud: Einung, Bekenntnis zu Gottes Einheit, ein Kernpunkt der jüdischen Frömmigkeit; auch »Einung Gottes mit seiner welteinwohnenden Herrlichkeit« (M. Buber).

JHWH:
der vierbuchstabige heilige Gottesnahme von Ex 3,14 (Tetragrammaton), den die Juden weder aussprechen noch ausschreiben; die verhüllende Schreibweise im Deutschen besteht darin, nur die Konsonanten zu schreiben; in der Buber-Rosenzweigschen Übersetzung der Schrift pronominal und in Großbuchstaben wiedergegeben (DU; ER; SEIN…).

Kabbala:
hebr. »das Empfangene«, Überlieferung; die jüdische Mystik.

Midrasch:
hebr. Forschung, Untersuchung; eine Form der rabbinischen Schriftauslegung.

Mischna:
vom hebr. *sch'naijim*, zwei; also: »Wiederholung«; die kanonische Sammlung der mündlichen jüdischen Lehre; mit der Gemara zusammen bildet die Mischna den Talmud.

Nabi:
hebr.: Ekstatiker, prophetisch Weissagender.

Nagid:
hebr.: Fürst, Führer.

Ruach:
hebr.: Hauch, Wind, Geist, Geist Gottes (Gen 1,2).

224

Schechina:	von hebr.: *schakhan*, sich niederlassen, einwohnen; Schechina oder Schekhina ist die göttliche Herrlichkeit, die der Welt einwohnt; »der der Welt einwohnende ist auch der die Welt erleidende Gott« (M. Buber).
Zadik:	hebr. recht, gerecht; der vollkommene Mensch (Vgl. etwa Nr. 30 dieses Lesebuchs!).

Quellennachweis

Häufiger zitierte Werke:

Martin Buber, Werke, Verlag Lambert Schneider Heidelberg, und Kösel-Verlag München 1962-1964; im einzelnen: Werke I. Band: Schriften zur Philosophie, 1962; Werke II. Band: Schriften zur Bibel, 1964; Werke III. Band: Schriften zum Chassidismus, 1963.

Martin Buber, Der Jude und sein Judentum. Gesammelte Aufsätze und Reden, Joseph Melzer Verlag Köln 1963; 2., durchgesehene und um Register erweiterte Auflage (in der Reihe bibliotheca judaica) Verlag Lambert Schneider, Gerlingen 1993.

Martin Buber, Briefwechsel aus sieben Jahrzehnten. In 3 Bänden herausgegeben und eingeleitet von Grete Schaeder in Beratung mit Ernst Simon und unter Mitwirkung von Rafael Buber, Margot Cohn und Gabriel Stern. Band I: 1897-1918, mit einem Geleitwort von Ernst Simon und einem biographischen Abriß als Einleitung von Grete Schaeder. Verlag L. Schneider Heidelberg 1972. Band II: 1918-1938, Verlag Lambert Schneider Heidelberg 1973. Band III: 1938-1965, Verlag Lambert Schneider Heidelberg 1975.

I

Die Kapitel-Überschrift steht in: *M. Buber*, Begegnung. Autobiographische Fragmente, 4., durchgesehene Aufl. (Heidelberg 1986, 83) als das »Hauptergebnis« von Bubers Erfahrungen und Betrachtungen; auch in: *M. Buber*, Autobiographische Fragmente, in: *Schilpp/Friedman*, Martin Buber, Stuttgart 1963, 30.

1 Aus: Aus einer philosophischen Rechenschaft, Werke I, 1113f.; erstmals in: *M. Buber*, Antwort, aus dem Abschnitt II, »Gegen Vereinfachungen«, in: *Schilpp/Friedman*, Martin Buber, Stuttgart 1963, 592f.
2 Aus: Zwiesprache, Werke I, 181-183; Das dialogische Prinzip, 6., durchgesehene Auflage, Gerlingen 1992, 150-153; Zwiesprache. Traktat vom dialogischen Leben. Neuausg. Heidelberg 1978, 24-27.

3 Ebd., Werke I, 187f.; Das dialogische Prinzip, 159f.

4 Der Jude und sein Judentum, Heidelberg 1985 (2. Aufl.), 591.

5 Aus einem Brief an H. Bergmann, 1947, Briefwechsel III, Nr. 123.

6 Aus einem Brief an H. Trüb, 1946, Briefwechsel III, Nr. 94 (1. Absatz).

7 Brief an M. Brod, 1949, Briefwechsel III, Nr. 164.

8 Aus: Elemente des Zwischenmenschlichen, Werke I, 269-272; Das dialogische Prinzip, 271-276.

9 Aus: Das Wort, das gesprochen wird, Werke I, 444-447; *M. Buber*, Logos. Zwei Reden, Heidelberg 1962, 11-17.

10 Aus: Reden über Erziehung: Über das Erzieherische (1. Rede von 1925), Werke I, 803-806; Reden über Erziehung, Heidelberg 1986 (7. Aufl.), 40-44.

11 Aus: Ich und Du, Werke I, 87-89; Das dialogische Prinzip, 18-20; Ich und Du, 11., durchgesehene Aufl. Heidelberg 1983, 21- 24.

12 Aus: Die Legende des Baalschem, Werke III, 43f.; Die Legende des Baalschem, umgearbeitete Neuausgabe, Manesse Bibliothek der Weltliteratur, Zürich 1955, 66-69.

II

13 Aus: Der Mensch von heute und die jüdische Bibel, Werke II, 869 (der letzte Absatz).

14 Aus einem Brief an F. Rosenzweig, Briefwechsel II, Nr. 93.

15 Aus: Moses, Werke II, 13-15 (die letzten Abschnitte des Vorworts). Moses, Heidelberg 1966 (3. Aufl.), 11-13.

16 Was soll mit den Zehn Geboten geschehen? (1929), aus: Werke II, 897-899; Hinweise, Zürich 1953, 174-178.

17 Aus: Königtum Gottes, Werke II, 589-591; 596f. (aus Kapitel 4: »Der westsemitische Stammesgott«); Einzelausgabe: 3., neu vermehrte Aufl. Heidelberg 1956.

18 Aus: Der Glaube der Propheten, Werke II, 306-309 (aus dem Kapitel: »Die großen Spannungen. Göttlicher und menschlicher König«); Der Glaube der Propheten, Heidelberg 1984 (2., verbesserte und um Register ergänzte Aufl.), 98-101.

19 Aus: Biblisches Führertum (1933), Werke II, 913-916; Erstdruck in *M. Buber*, Kampf um Israel. Reden und Schriften (1921-1932), Berlin

1933, 101-106; *M. Buber,* Hinweise, Zürich 1953, 162-166 (in etwas anderer, auf einen Vortrag in München, 1928, zurückgehender Fassung).

20 Weisheit und Tat der Frauen, (»Meiner Tochter Eva gewidmet«), Werke II, 919-923; auch in: Kampf um Israel, 107-114.

21 Geschehende Geschichte. Ein theologischer Hinweis (Sommer 1933), Werke II, 1033-1036; Erstdruck in *M. Buber,* Die Stunde und die Erkenntnis. Reden und Aufsätze 1933-1935, Berlin 1936, 27-33; *M. Buber,* Hinweise, Zürich 1953, 142-147.

22 Aus: Der Glaube der Propheten (aus dem Kapitel »Der Gott der Leidenden«), Werke II, 478f.; 482-484 (es sind die letzten Abschnitte des Buches); Der Glaube der Propheten, Heidelberg 1984 (2. Aufl.), 275; 279-281.

23 Aus: Ein Hinweis für Bibelkurse, (1936), Werke II, 1183-1186.

III

Die Kapitel-Überschrift steht in der Rede »Der heilige Weg. Ein Wort an die Juden und die Völker. Dem Freunde Gustav Landauer aufs Grab« (1919), in: Der Jude und sein Judentum, 114.

24 Aus: Mein Weg zum Chassidismus, Werke III, 962-964; Hinweise, Zürich 1953, 179-184.

25 Ebd. 961f.

26 Aus dem Nachwort zu »Gog und Magog. Eine Chronik«, Werke III, 1259f.; Gog und Magog. Eine chassidische Chronik, Gerlingen 1993 (4. Aufl.), 408-410.

27 Aus: Die jüdische Mystik (1908), Werke III, 16f.; es handelt sich um die Einleitung zu: Die Geschichten des Rabbi Nachman, Fischer-Taschenbuch 104 (1955) 18-20.

28 Aus: Die Erzählungen der Chassidim, Einleitung, Nr. 2, Werke III, 81; Die Erzählungen der Chassidim, Manesse Bibliothek der Weltliteratur, Zürich 1949, 19f.

29 Aus: Der Chassidismus und der abendländische Mensch (1956), Werke III, 938f.

30 Aus: Die chassidische Botschaft, Kapitel »Die Anfänge«, Nr. 1, Werke III, 758-761; Die chassidische Botschaft, Heidelberg1952, 32-36.

31 Chassidut (1927. Nach Vollendung des Buches »Die chassidischen Bücher«), Erstdruck in: Nachlese, 2. Aufl. Heidelberg 1966, 121.

32 Aus: Gog und Magog, Werke III, 1031; Gog und Magog, Gerlingen 1993 (4. Aufl.), 57.

33 Aus: Die Erzählungen der Chassidim, Werke III, 632; Die Erzählungen der Chassidim (Manesse), 743f.

IV

34 Vorwort zu: Der Jude und sein Judentum (1963), unter Weglassung der letzten Sätze, aus: Der Jude und sein Judentum, IXf.

35 Aus: Nationalismus (Rede in Karlsbad anläßlich des XII. Zionistenkongresses, am 5. 9. 1921), in: Der Jude und sein Judentum, 316-318.

36 Zweierlei Zionismus (1948), in: Der Jude und sein Judentum, 349-352.

37 Brief an J.L. Magnes (1947), Briefwechsel III, Nr. 108.

38 Aus einem Gespräch mit W. Kraft (1. Abschnitt), *W. Kraft*, Gespräche mit Martin Buber, München 1966, 104f.

39 Aus: Briefwechsel III, Nr. 250.

40 Aus: Das echte Gespräch und die Möglichkeiten des Friedens (Ansprache anläßlich der Verleihung des Friedenspreises des deutschen Buchhandels, 1953), Separatausgabe 1953, 5-8; dann in: Nachlese, 2. Aufl. Heidelberg 1966, 219-223.

41 Aus dem Schlußkapitel »In der Krisis« von »Pfade in Utopia«, Werke I, 994-997; 998; 1001; Pfade in Utopia. Über Gemeinschaft und deren Verwirklichung, Heidelberg 1985 (3. Aufl. erheblich erweiterte Neuausgabe, mit einem Nachwort herausgegeben von A. Schapira), 245-250; 251f.; 255f.

42 Aus: Die Sowjets und das Judentum (Referat, gehalten auf einer der Lage der Juden in der Sowjet-Union gewidmeten Konferenz in Paris, im September 1960), in: Der Jude und sein Judentum, 544-547; 548f.; auch in: *M. Buber/N. Goldmann*, Die Juden in der UdSSR (in der Reihe »Vom Gestern zum Morgen, Band 8), Ner Tamid Verlag München 1963, 6ff.

43 Aus: Nachlese, 2. Aufl. Heidelberg 1966, 213f.; dazu aus: Nochmals über den »Bürgerlichen Ungehorsam« (1963), ebd. 215-217 (mit einer Auslassung S. 216).

229

V

44 Aus: Heilung aus der Begegnung (Zu Hans Trübs gleichnamigem Buch, 1951), in: Nachlese, 2. Aufl. Heidelberg 1966, 139-142; 144f.; dasselbe in: *H. Trüb*, Heilung aus der Begegnung, Stuttgart 1971 (3. Aufl.) als Geleitwort, 9-13.

45 Aus dem »Nachwort« zu »Ich und Du« von 1957, Nr. 5, Werke I, 166-168; Das dialogische Prinzip, Gerlingen 1992 (6. Aufl.), 130-132; Ich und Du, 11., durchgesehene Aufl. Heidelberg 1983, 53- 56.

46 Aus: Schuld und Schuldgefühle (aus dem 1. Abschnitt), Werke I, 476f.; Schuld und Schuldgefühle, Heidelberg 1958, 9-11.

47 Aus: Das Problem des Menschen, Werke I, 362-364 (aus dem Kapitel »Die Lehre Heideggers«, die Nr. 3); Das Problem des Menschen, 5., verbesserte Aufl. Heidelberg 1982, 97-100.

48 Aus: Schuld und Schuldgefühle, aus dem 4. Abschnitt, Werke I, 486-491; Einzelausgabe Heidelberg 1958, 33-42.

49 Aus: Briefwechsel II, Nr. 577; Briefwechsel II, Nr. 357.

50 Aus dem Aufsatz »Gemeinschaft und Umwelt« (Aufzeichnung für das Vorwort zu *E.A. Gutkind*, Community and Environment, 1953), in: Nachlese, 83-85 (ohne den letzten Satz), 2. Aufl. Heidelberg 1966.

51 Aus: Das Unbewußte (Notizen von einem Seminar in der School of Psychiatry in Washington, 3. Gespräch, 6. April 1957), in: Nachlese, 2. Aufl. Heidelberg 1966, 183-185.

52 Aus dem Kapitel »Der Grundstein«, Die chassidische Botschaft, Werke III, 795-798 (der Abschnitt 4, bis auf den letzten Absatz); Die chassidische Botschaft, Heidelberg 1952, 82-87.

53 Aus: Der Weg des Menschen nach der chassidischen Lehre (der Anfang des Kapitels »Hier, wo man steht«) (1948), Werke III, 735; Der Weg des Menschen nach der chassidischen Lehre, 9. Aufl. Heidelberg 1986, 43f.

54 Die Erzählungen der Chassidim, Werke III, 413f.; Die Erzählungen der Chassidim, Zürich 1949 (Manesse) 448.

VI

55 Aus der 3. Rede über das Judentum, »Die heimliche Frage« (neue Folge 1951: An der Wende), Der Jude und sein Judentum, 172 (der vorletzte Abschnitt).

56 Aus: Der Glaube des Judentums (Vortrag von 1928), Nr. 1: »Der Weg des Glaubens«, in: Der Jude und sein Judentum, 187f.

57 Ebd., Nr. 2: »Die dialogische Situation«, 188-190.

58 Ebd., Nr. 4: »Die Umkehr«, 193f.

59 Religiöse Erziehung (1930), in: Nachlese, 2. Aufl. Heidelberg 1966, 133-135.

60 Der Abschnitt »Aus der Diskussion« zu »Philosophische und religöse Weltanschauung« (1928, Rede, gehalten auf einer Tagung des Hohenrodter Bundes), in: Nachlese, 2. Aufl. Heidelberg 1966, 133-135.

61 Briefwechsel III, Nr. 102.

62 Aus: Briefwechsel III, Nr. 162 (der erste Absatz).

63 Aus dem Schluß des Kapitels »Die Murrenden«, Moses, Werke II, 102f.; Moses, 3. Aufl. Heidelberg 1966, 105f.

64 Aus dem letzten Kapitel »Gott und der Menschengeist«, Gottesfinsternis. Betrachtungen zur Beziehung zwischen Religion und Philosophie, Werke I, 595-599; Erstausgabe: Gottesfinsternis, Zürich 1953, 148-153.

Schluß

65 Aus dem Brief von J.L. Magnes zu Bubers 70. Geburtstag, Briefwechsel III, Nr. 131.

66 Aus: E. Kogon, Das Porträt: Martin Buber, in: Frankfurer Hefte 6 (1951) 195f.

67 Aus: A. Goes, Lebendige Legende (1958), in: Martin Buber 1878/1978, hrsg. von W. Zink, Bonn 1978, 31.

68 Aus: M.L. Diamond, Martin Buber. Jewish Existentialist, New York 1960, 207 (eigene Übersetzung).

69 Aus: Briefwechsel III, Nr. 495.

70 Aus: Schalom Ben-Chorin, Zwiesprache mit Martin Buber. Erinnerungen an einen großen Zeitgenossen. Neuausgabe, Bleicher Verlag Gerlingen 1978, 26.

71 Ebd., 85-87 (leicht gekürzt).

72 Ebd., 181f.

Eine Auswahl aus dem Werk Martin Bubers

Martin Buber, Nachlese
Um Register erweiterte Neuausgabe, 3. Auflage, ca. 240 Seiten, gebunden,
ISBN 3-7953-0915-8
Diese kurz nach Bubers Tod erschienene, von ihm noch selbst zusammenge-
stellte Sammlung von Essays, Gedichten und Reden zu unterschiedlichen
Themen ist ein wichtiges Zeugnis von Bubers Haltung und Denken.

Martin Buber, Der Jude und sein Judentum
Gesammelte Aufsätze und Reden. Mit einer Einleitung von Robert Weltsch.
2., um Register erweiterte Auflage, (bibliotheca judaica), 880 Seiten, gebunden,
ISBN 3-7953-0406-7
Die Thematik dieses von Buber selbst zusammengestellten Bandes reicht von
den biblischen Grundlagen des Judentums über das Judentum als Zeugnis des
Dialogs Gott–Mensch und den Zionismus bis hin zur Charakterisierung von
Zeitgenossen wie Herzl, Landauer, H. Cohen und Rosenzweig.

Martin Buber, Der Weg des Menschen nach der chassidischen Lehre
10. Auflage, ca. 80 Seiten, Leinen mit Schutzumschlag, Fadenheftung,
ISBN 3-7953-0917-4
Ein Buch über die Beziehung der ostjüdischen Chassidim zum anderen
Menschen, zur Welt, darin zu Gott; zugleich ein idealer Einstieg in Bubers
gesamtes Denken, ein Buch, das auf die Selbstbestimmung des Lesers zielt.

Martin Buber, Ich und Du
11. Auflage, 164 Seiten, Leinen mit Schutzumschlag, ISBN 3-7953-0186-6
»Ich und Du« ist Bubers programmatische Grundschrift. Sie beschreibt die
dialogische »Ich–Du«- und »Ich–Es«-Beziehung als die zwei grundlegenden
Möglichkeiten des Menschen, zum anderen in einen Bezug zu treten.

Martin Buber, Das dialogische Prinzip
Ich und Du – Zwiesprache – Die Frage an den Einzelnen – Elemente des
Zwischenmenschlichen – Zur Geschichte des dialogischen Prinzips.
6. Auflage, 326 Seiten, kartoniert, ISBN 3-7953-0016-9
Ein Standardwerk zu Bubers dialogischer Philosophie. In allen darin enthaltenen
Schriften geht es Buber um die Begegnung, den Dialog zwischen dem Ich und
dem anderen, zwischen dem Menschen und seinem »ewigen Du«, Gott.

Martin Buber, Gog und Magog
4. Auflage, 432 Seiten, gebunden, ISBN 3-7953-0908-5
Bubers zuletzt unter dem Titel »Zwischen Zeit und Ewigkeit« erschienener
einziger Roman spielt in der Welt des Chassidismus; er beschreibt die Gescheh-
nisse um die beiden chassidischen Zaddikim Jaakob Jizchak von Lublin und
Jaakob Jizchak von Pżysha Ende des 18. Jahrhunderts.

VERLAG LAMBERT SCHNEIDER, GERLINGEN